LE RUBICON

Collection dirigée par Julian Fernandez, Jean-Baptiste Jeangène Vilmer et Justin Massie, codirecteurs de la plateforme LeRubicon.org

Le Rubicon (LeRubicon.org) est une plateforme francophone d'analyse des questions internationales, principalement de sécurité et de défense, mais aussi de politique étrangère. Elle applique les standards de l'édition scientifique – les articles publiés sont tous anonymement évalués par les pairs – tout en valorisant la diversité des expériences : les auteurs sont aussi bien des universitaires que des praticiens du milieu de la défense, de la sécurité nationale et des affaires étrangères. Lancé en décembre 2021, Le Rubicon est une initiative internationale, portée par le Réseau d'analyse stratégique (RAS) canadien, l'Institut de recherche stratégique de l'École militaire (IRSEM) et le Centre Thucydide de l'Université Paris Panthéon-Assas.

Le Rubicon c'est désormais aussi une collection de petits livres destinés au grand public, rassemblant une sélection d'articles de LeRubicon.org, révisés pour l'occasion et augmentés d'infographies. Ils permettront d'aborder clairement et précisément les nouvelles questions brûlantes liées à l'actualité internationale.

Contact : info@lerubicon.org

UKRAINE : LE CHOC DE LA GUERRE

LE RUBICON

UKRAINE : LE CHOC DE LA GUERRE

ÉQUATEURS

ISBN : 978-2-3828-4381-9.

Dépôt légal : avril 2022.

170 *bis*, boulevard du Montparnasse, 75014 Paris.

contact@editionsdesequateurs.fr
www.editionsdesequateurs.fr

SOMMAIRE

INTRODUCTION

UN NOUVEAU MONDE ?

JULIAN FERNANDEZ, JEAN-BAPTISTE
JEANGÈNE VILMER et JUSTIN MASSIE

Franchira-t-il le Rubicon ? La question est sur toutes les lèvres, alors que la Russie poursuit son invasion de l'Ukraine : le président Vladimir Poutine osera-t-il recourir à des armes de destruction massive ? Armes dont l'utilisation est taboue et les répercussions majeures, le seul fait que la « communauté internationale » s'interroge sur l'éventualité de leur recours tend à indiquer l'entrée dans une nouvelle ère des relations internationales. Il ne fait ainsi aucun doute que le 24 février 2022 – date à laquelle Vladimir Poutine s'est engagé sur la voie de la guerre totale contre l'Ukraine – cristallise l'avènement d'un ordre stratégique inédit. Quelles en sont les grandes caractéristiques ? Il est encore trop tôt pour en percevoir tous les contours mais ce *nouveau monde* apparaît notamment marqué par le resserrement de l'« alliance des démocraties ».

Les régimes libéraux ont condamné avec force l'agression russe, lui ont imposé de lourdes sanctions économiques et ont offert un soutien humanitaire et militaire d'envergure à l'Ukraine. Si bien d'ailleurs que certains rêvent même d'une victoire ukrainienne contre son envahisseur plus puissant. Les alliés promettent des hausses de dépenses militaires dignes de la guerre froide, envisagent le déploiement de troupes permanentes aux frontières de la Russie et ouvrent la porte à un élargissement de l'OTAN à commencer par la Suède et la Finlande. Certes, des divisions internes demeurent, notamment sur l'idée d'imposer un embargo sur les hydrocarbures russes. Il n'empêche que les démocraties libérales ont manifesté une unité exemplaire et une coordination sans précédent. Ce multilatéralisme forgé dans l'adversité semble avoir conscience du renouvellement de certaines menaces mais aussi de toutes les potentialités qui sont les siennes. Et si l'Alliance atlantique était à l'état de mort cérébrale, elle est désormais ressuscitée et plus revigorée que jamais.

La guerre a également placé la Chine dans une position délicate: si elle soutient la Russie dans sa communication publique, d'abord et avant tout parce qu'elles partagent l'objectif d'affaiblir les démocraties libérales, elle ne semble pas prête à lui apporter le soutien militaire que le Kremlin lui réclame. Pragmatique, Pékin pourrait même estimer qu'il est dans son intérêt d'attendre pour mieux «racheter» plus tard à bas coût une Russie affaiblie par la guerre et les sanctions. En attendant, la Chine est davantage dans le refus de condamner que dans le soutien explicite à une agression armée, comme en témoigne le fait qu'elle s'est abstenue lors du vote de la résolution de l'Assemblée générale des Nations Unies du 2 mars 2022 exigeant «que la Russie cesse immédiatement de recourir à la force contre l'Ukraine», comme 34 autres États dont l'Inde et le Pakistan, alors que seuls cinq États (Russie, Biélorussie, Corée du Nord, Érythrée et Syrie) ont voté contre. Derrière l'écrasante majorité (141 États) de la condamnation de l'agression russe, il y a toutefois des nuances. Nombre d'entre eux ont en réalité une position plus ambivalente, souvent parce qu'ils partagent avec la Russie et la Chine un «anti-occidentalisme» qui dans certains pays est une rente politique.

La vraie ligne de fracture est entre ceux qui non seulement condamnent mais aussi agissent, c'est-à-dire sanctionnent Moscou, et les autres. Ceux-là sont les pays européens et nord-américains, ainsi que l'Australie, la Nouvelle-Zélande, le Japon, la Corée du Sud, Taïwan et Singapour. À l'exception de Singapour, ce ne sont donc que des démocraties libérales et c'est là, précisément, que se situe la polarisation. Le peu de contestation de l'agression russe à l'extérieur du monde occidental souligne toute la fragilité d'une norme faisant pourtant consensus, à savoir l'intégrité territoriale des États. Si «l'Occident» est en position de force sur le plan moral, a indéniablement le droit international de son côté, il faut reconnaître qu'il n'est pas majoritaire sur la scène internationale.

Peu importe le scénario de fin de la guerre, cette fracture du système international – que l'on pouvait déjà percevoir dans la montée de l'autoritarisme et la crise du multilatéralisme ces quinze dernières années – s'aggravera. Une défaite militaire de la Russie, ou du moins une révision à la baisse de ses objectifs initiaux (qui étaient, il faut le rappeler, de prendre le contrôle du pays en trois jours, et de ce point de vue Moscou a déjà échoué), qui la conduirait à des concessions importantes dans ses négociations avec l'Ukraine, laisserait présager une menace persistante, sous la forme d'une Russie humiliée et revancharde, telle que l'Allemagne de l'entre-deux-guerres. Dans ce scénario, il est probable que la Russie se rapproche encore davantage des BRICS afin de reconstruire son économie et fourbir ses armes. Une victoire militaire de la Russie, quant à elle, durcirait la posture antirusse de l'OTAN et de ses partenaires en Asie (Japon, Australie, Singapour, Corée du Sud, Taïwan). Cette orientation alimenterait tout autant les craintes de la montée en puissance d'un bloc sino-russe, avec Taïwan en ligne de mire.

C'est donc une véritable onde de choc que génère l'invasion de l'Ukraine, quand bien même on n'en mesure pas encore pleinement la magnitude. Dans une telle situation, le mieux qui puisse être fait est de bien anticiper les défis qui se profilent et se préparer à y répondre. Espérer le meilleur, prévoir le pire. Dans l'immédiat, il faut se prémunir contre un élargissement de la guerre au-delà des frontières de l'Ukraine. Pour ce faire, les enseignements de la théorie de la négociation de la guerre sont limpides : il est nécessaire de signaler avec clarté et force les lignes rouges auxquelles l'adversaire s'expose, s'il les viole, à des coûts prohibitifs. En clair, il convient de cesser les postures d'ambiguïté stratégique sur la réponse éventuelle à d'autres agressions, de la Finlande à la Moldavie, en passant par Taïwan. Il est impératif de dissuader la Russie – tout autant que la Chine – de franchir le Rubicon.

Cet ouvrage, le premier d'une nouvelle collection, est constitué d'une sélection de contributions publiées sur la plateforme d'analyse *Le Rubicon* (LeRubicon.org) – et révisées pour l'occasion. Il entend permettre à chacun de mieux comprendre les enjeux de la guerre en Ukraine et, au-delà, de ce nouveau monde en formation. Il donne la parole à des experts renommés, observateurs avisés des opérations en cours et des premières leçons à en tirer. L'ensemble se veut accessible au plus grand nombre, ouvert à la *disputatio* et éclairé par différentes infographies.

En vous souhaitant une bonne lecture,

Julian Fernandez, Jean-Baptiste Jeangène Vilmer et Justin Massie sont les codirecteurs du *Rubicon*.

1

UN DÉSIR DE GRANDE RUSSIE ? RÉFLEXIONS SUR LA GRANDE STRATÉGIE RUSSE

CÉLINE MARANGÉ

Article publié le 10 février 2022 dans *Le Rubicon*[1], légèrement amendé et augmenté d'un épilogue le 24 mars, soit un mois après le début de l'invasion de l'Ukraine par l'armée russe.

En décembre 2021, au trentième anniversaire de la dissolution de l'Union soviétique, les dirigeants russes ont présenté à l'OTAN et aux États-Unis des demandes visant à trouver de nouveaux arrangements concernant l'architecture de sécurité en Europe. Au même moment et pour la deuxième fois consécutive en l'espace de quelques mois, l'armée russe a massé plusieurs dizaines de milliers d'hommes – 13 groupements tactiques – et des armes lourdes près des frontières de l'Ukraine, en Russie, mais aussi en Biélorussie et en Crimée. Force est d'admettre qu'elle est équipée pour mener des opérations de grande ampleur, disposant alors en tout de quelque 5 500 tubes d'artillerie de tous types et de 2 600 à 3 000 chars lourds immédiatement disponibles pour les forces d'active, dont près de la moitié de nouvelle génération (d'autres estimations bien supérieures incluant les véhicules blindés d'infanterie[2]).

1. https://lerubicon.org/publication/un-desir-de-grande-russie/.
2. https://www.globalfirepower.com/armor-tanks-total.php.

La Russie possède également des systèmes de défense antimissile performants et une force de dissuasion stratégique et conventionnelle de premier plan. Deuxième puissance nucléaire au monde (première en nombre de têtes), elle développe et teste activement des armes de haute précision, ainsi que des missiles hypersoniques et antisatellites[1]. D'un mot, en lançant de nouvelles opérations terrestres en Ukraine, l'armée russe avait pour elle la masse et le feu, ainsi que l'avantage que procurent l'initiative de la manœuvre et l'unicité de commandement ; elle pouvait escompter bénéficier, au début du moins, de l'effet de paralysie que ne manqueraient de provoquer les divergences de vues entre les pays membres de l'OTAN, nourries par l'ambiguïté qu'elle laisse planer sur ses intentions militaires et ses fins ultimes.

À cet égard, il paraît opportun de s'interroger à nouveau sur les desseins des dirigeants russes[2]. Ces derniers ont opéré depuis 2020 un net serrement de vis au plan intérieur. Ont-ils aussi changé de grande stratégie, tant dans ses fins que dans ses moyens ? Doit-on considérer que leurs finalités se cantonnent aux buts avoués concernant l'architecture de sécurité en Europe et le non-élargissement de l'OTAN ou a-t-on changé de paradigme ?

Un faisceau d'indices laissait à penser que la crise diplomatique de l'hiver 2021 ne se réduisait pas à des questions stratégiques et sécuritaires. S'y nichaient aussi des enjeux d'identité qui la rendaient plus dangereuse encore. Vladimir Poutine a accédé au pouvoir il y a vingt ans, à l'orée du nouveau millénaire. Fidèle à l'exemple tracé par d'illustres prédécesseurs, nourrirait-il désormais des ambitions plus grandioses au point d'estimer que la

---

1. SIPRI, « Global nuclear arsenals grow as states continue to modernize – New SIPRI Yearbook out now », 14 juin 2021.

2. Céline Marangé, « Russia », dans Thierry Balzacq, Peter Dombrowski, Simon Reich (dir.), *Comparative Grand Strategy in the Modern Age : A Framework and Cases*, Oxford, Oxford University Press, 2019, p. 50-72.

guerre est un moyen parmi d'autres de les réaliser ? Attachés au post-nationalisme, rationalistes et matérialistes par éducation, nombre d'Européens de l'Ouest sont réticents à envisager cette motivation identitaire, s'empêchant ainsi de réfléchir à ses implications. L'histoire enseigne pourtant de ne pas négliger le rôle des passions tristes et des fausses perceptions dans les relations internationales[1].

Quête de statut et de sécurité

Jusqu'à présent, j'avais toujours souscrit à l'idée que les dirigeants russes étaient mus par un fort complexe de déclassement lié au traumatisme de l'effondrement de l'Union soviétique et qu'ils déployaient de ce fait une stratégie fondamentalement défensive se traduisant par des actions offensives. La perte du rang de grande puissance et leur perception hostile de l'environnement de sécurité les incitaient à défendre le statut et la sécurité de leur pays en préservant une zone d'influence et en affaiblissant leur adversaire désigné, « l'Ouest » (*Zapad*), par tous les moyens à disposition, à savoir des démonstrations de force, des interventions militaires dans des zones contestées, des initiatives diplomatiques et des manœuvres hostiles dans le cyberespace et le champ informationnel.

À n'en pas douter, cette quête de reconnaissance, centrale et permanente, continue d'éclairer le positionnement de Moscou sur la scène internationale : elle explique tant sa défiance à l'égard de l'OTAN et des États-Unis que l'intérêt porté au partenariat renforcé avec la Chine ; elle explique également sa volonté d'apparaître comme un

1. Pierre Hassner, *La revanche des passions. Métamorphoses de la violence et crises du politique*, Paris, Fayard, 2015 ; Robert Jervis, *Perception and Misperception in International Politics*, Princeton, Princeton University Press, 1976.

acteur incontournable du jeu international et de se poser en médiateur de paix, capable de traiter avec toutes les parties d'un conflit, que ce soit au Moyen-Orient, en Asie centrale et en Asie de l'Est. Pour maintenir son rang, il fallait aussi pouvoir rester maître du jeu dans l'espace postsoviétique. Les propositions de décembre 2021 s'inscrivent dans ce même schéma, tout en poursuivant des objectifs plus ambitieux.

Que demande au juste la Russie? Tout d'abord, elle exige des garanties écrites concernant la non-entrée de l'Ukraine et de la Géorgie dans l'OTAN et présente le renoncement au «compromis de Bucarest» comme un impératif non négociable. Au sommet de l'OTAN à Bucarest en avril 2008, Washington a proposé – sur l'insistance du président Bush et contre l'avis du renseignement américain[1] – d'offrir un plan d'action pour l'adhésion (MAP) à la Géorgie et l'Ukraine. Anticipant de fâcheuses conséquences, Paris et Berlin ont opposé un veto, conduisant Londres à négocier une solution intermédiaire. Le MAP n'a certes pas été accordé, mais le point 23 de la déclaration finale est pour le moins ambigu: «L'OTAN se félicite des aspirations euro-atlantiques de l'Ukraine et de la Géorgie, qui souhaitent adhérer à l'Alliance. Aujourd'hui, nous avons décidé que ces pays deviendraient membres de l'OTAN. [...] Nous déclarons aujourd'hui que nous soutenons la candidature de ces pays au MAP. [...][2].»

Parmi les autres demandes figurent la fin des exercices et des manœuvres de l'OTAN près des frontières russes, notamment en mer Noire, et l'interruption de toute coopération militaire de pays membres de l'OTAN avec l'Ukraine. Ainsi, à l'issue de la réunion du Conseil OTAN-Russie du 12 janvier 2022, le vice-ministre russe des Affaires étrangères Aleksander Grouchko a déclaré

1. Stephen M. Walt, «Liberal Illusions Caused the Ukraine Crisis», *Foreign Policy*, 19 janvier 2022.

2. https://www.nato.int/cps/fr/natolive/official_texts_8443.htm.

tout de go qu'une désescalade du conflit autour du Donbass n'était possible qu'à la condition expresse que l'OTAN interrompe son aide militaire à l'Ukraine, notamment les livraisons d'armes et l'envoi d'instructeurs[1]. En apparence, les initiatives diplomatiques présentées par Moscou en décembre 2021visent donc toujours à imposer un glacis de sécurité et à défendre ce qui est perçu comme des intérêts stratégiques et sécuritaires vitaux.

Ce qu'il y a alors de nouveau, c'est que les dirigeants russes ne se contentent plus des négociations russo-américaines sur la stabilité stratégique et le contrôle des armements, conduites par les vice-ministres des Affaires étrangères Wendy Sherman et Sergueï Ryabkov. D'un côté, ils envisagent clairement, dès ce moment, de mener une guerre préventive contre l'Ukraine pour empêcher qu'elle ne serve plus tard de «tremplin à d'éventuelles opérations militaires contre la Russie[2]». De l'autre, ils exigent de redéfinir les fondements mêmes de leurs relations avec les pays occidentaux, refusant que l'OTAN constitue plus longtemps le pilier de la sécurité européenne[3]. Cette révision de l'ordre de sécurité passe, dans leur esprit, par un dialogue direct avec Washington mené sous haute tension militaire, comme au temps de la guerre froide.

S'ils ne boudent pas le plaisir de voir le président français et le chancelier allemand faire le voyage à Moscou pour tenter de trouver un apaisement, leur priorité semble néanmoins ailleurs. Réunis au début du mois de février 2022, à l'occasion de l'inauguration des Jeux olympiques, V. Poutine et Xi Jinping ont publié une longue déclaration

---

1. «Le ministère russe des Affaires étrangères a énoncé la principale condition d'une désescalade en Ukraine», *Lenta.ru*, 12 janvier 2022, en russe, https://lenta.ru/news/2022/01/12/donbass_mid/.

2. Ivan Timofeev, «Ukraine: Three Scenarios After the Answer from Washington», Russian Council of International Affairs, 31 janvier 2022.

3. Fedor Lukyanov, «Discussion sur le fond», *Russia in Global Politics*, 12 janvier 2022, en russe, https://globalaffairs.ru/articles/razgovor-po-sushhestvu/.

commune affirmant que le monde était entré dans une nouvelle ère des relations internationales[1]. D'après le conseiller diplomatique de V. Poutine, Iouri Ouchakov, le voyage présidentiel à Pékin devait aussi permettre de mener des consultations au plus haut niveau en vue de s'immuniser contre les sanctions occidentales et de conclure de nouveaux projets énergétiques lucratifs, dont la construction d'un deuxième gazoduc « Force de Sibérie » (le premier ayant été acté après l'annexion de la Crimée)[2].

Irrédentisme et reconstitution de l'empire ?

L'ancien chef d'état-major de la Marine allemande est loin d'être seul à croire encore, au mois de janvier 2022, que la Russie ne demande qu'à « être respectée[3] ». Nombreux sont aussi les observateurs à considérer que les dirigeants russes cherchent uniquement à établir un cordon de sécurité pour conjurer leur peur obsidionale. Une autre hypothèse qui n'invalide pas les deux précédentes consiste à penser qu'à ces enjeux de rang et de sécurité vient désormais s'ajouter – et non se substituer – une forte dimension identitaire. V. Poutine pourrait en plus poursuivre un grand dessein : celui d'étendre les frontières du pays en rassemblant, par différents moyens directs et indirects, des « terres russes » considérées comme ancestrales. Deux types d'arguments viennent étayer cette thèse : les actions entreprises par l'armée russe dans l'espace postsoviétique et, plus récemment, les prises de position du président russe relatives à l'histoire.

1. http://en.kremlin.ru/supplement/5770.

2. Alexander Gabuev, « Déchiquetage amical », *Vedomosti*, 4 février 2022, en russe.

3. « Le chef de la Marine allemande démissionne après des propos controversés sur l'Ukraine », *Le Figaro*, 22 janvier 2022.

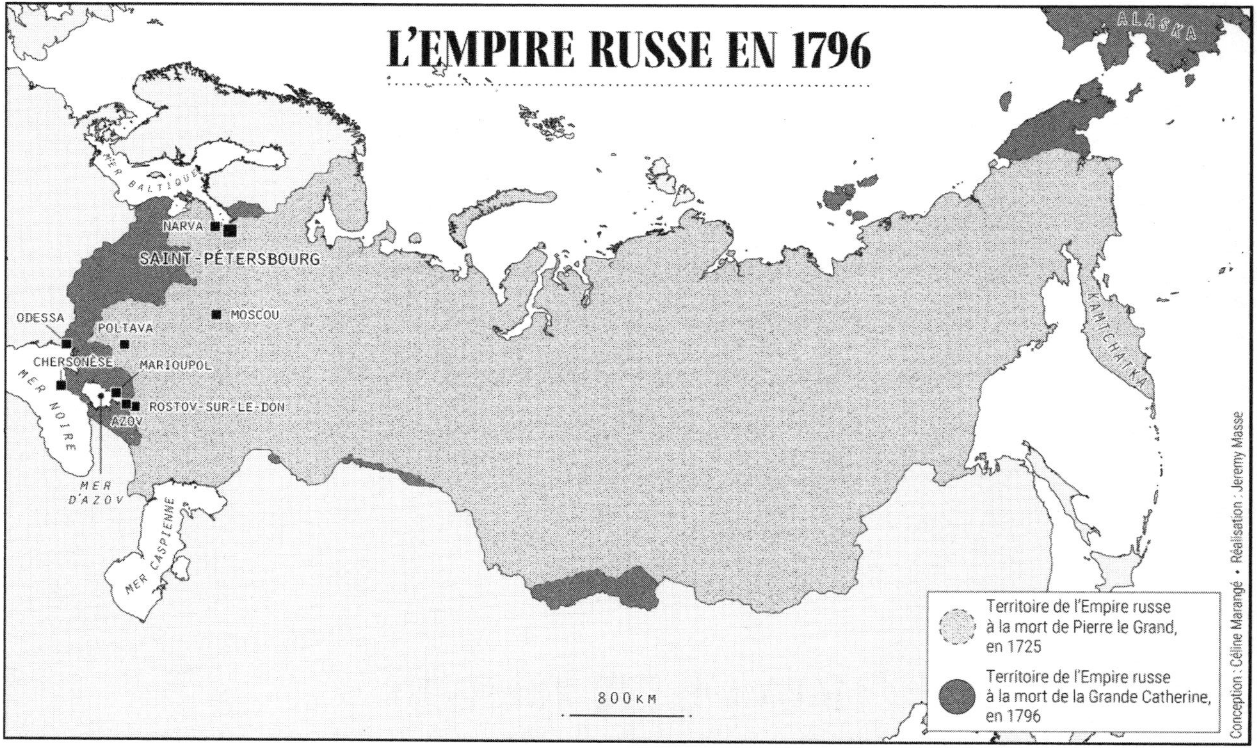
L'EMPIRE RUSSE EN 1796
ALASKA
MER BALTIQUE
NARVA
SAINT-PÉTERSBOURG
MOSCOU
ODESSA
POLTAVA
CHERSONÈSE
MARIOUPOL
ROSTOV-SUR-LE-DON
AZOV
MER NOIRE
MER D'AZOV
MER CASPIENNE
KAMTCHATKA
800 KM
Territoire de l'Empire russe à la mort de Pierre le Grand, en 1725
Territoire de l'Empire russe à la mort de la Grande Catherine, en 1796
Conception : Céline Marangé • Réalisation : Jeremy Masse

L'EMPIRE RUSSE EN 1914
MER BALTIQUE
VARSOVIE
SAINT-PÉTERSBOURG
KIEV
MOSCOU
CRIMÉE
MER D'AZOV
MER NOIRE
TIFLIS
MER CASPIENNE
800 KM
Territoire de l'Empire russe en 1914
Territoire de la Fédération de Russie en 1992
Conception : Céline Marangé • Réalisation : Jeremy Masse

L'URSS EN 1945
1. ESTONIE
2. LETTONIE
3. LITUANIE
MER BALTIQUE
BÉLARUS
MOLDAVIE
UKRAINE
CRIMÉE
MER D'AZOV
MER NOIRE
MOSCOU
RUSSIE
MER CASPIENNE
KAZAKHSTAN
OUZBÉKISTAN
TURKMÉNISTAN
KIRGHIZISTAN
TADJIKISTAN
4. GÉORGIE
5. ARMÉNIE
6. AZERBAÏDJAN
800 KM
Territoire de l'Union soviétique en 1945
Territoire de la Fédération de Russie en 1992
Conception : Céline Marangé • Réalisation : Jeremy Masse

L'annexion de la Crimée sans coup férir ne doit pas faire oublier la guerre du Donbass, déclenchée en 2014 par des commandos russes, comme l'a admis par vantardise le colonel du FSB qui était à la manœuvre. Loin d'être éteint, le conflit avait des conséquences humaines[1] désastreuses et pourrait donner, le cas échéant, un prétexte d'intervention tpout trouvé à Moscou : la protection des citoyens russes. En 2021, 639 000 habitants des régions séparatistes du Donbass avaient déjà obtenu des « passeports russes », tandis qu'en janvier 2022, des députés communistes de la Douma d'État lançaient un appel au président russe à reconnaître l'indépendance des « Républiques populaires de Donetsk et de Lougansk ».

À cette guerre viennent s'ajouter plusieurs « conflits gelés » aux confins des pays postsoviétiques. Le territoire moldave de Transnistrie et les territoires géorgiens d'Abkhazie et d'Ossétie du Sud échappent à leur État de tutelle dont l'éventuelle accession à l'OTAN est ainsi entravée. La Russie a reconnu l'indépendance des deux derniers après la guerre d'août 2008, tandis que de nombreux habitants de ces territoires se sont vu accorder la citoyenneté russe. Pour dénier à l'État géorgien toute prétention à récupérer ces territoires, V. Poutine argue désormais que l'Ossétie aurait demandé son rattachement à l'empire russe en 1774 en tant qu'« État indépendant » (cette entité n'existant pas à l'époque, même sous une autre forme)[2].

Enfin, un changement notable a dernièrement été opéré à l'égard de la Biélorussie. En 2019, l'Administration présidentielle russe étudiait plusieurs scenarii pour permettre à V. Poutine de se maintenir au pouvoir après 2024, la constitution de 1993 limitant à deux le nombre de mandats

---

1. Céline Marangé, « A People-Centered Approach to Conflict Resolution in Ukraine », *War On The Rocks*, 3 juillet 2019.

2. « Géorgie : Poutine jette du sable sur un mensonge historique », *Inosmi.ru*, 16 juillet 2019, en russe, https://inosmi.ru/20190716/245473117.html.

consécutifs. L'une des options à l'étude consistait à approfondir le traité d'Union que la Russie et la Biélorussie avaient conclu en 1999. Sachant le président russe Boris Eltsine malade, nourrissant le fol espoir de présider les deux pays, le dirigeant biélorusse Alexandre Loukachenko avait alors bien volontiers accepté de le signer, puis l'affaire avait été oubliée. Finalement, une autre solution a été privilégiée en 2020 : adoptée au pas de course, une vaste révision de la constitution a remis les « compteurs à zéro » de sorte que V. Poutine peut rester président jusqu'en 2036 ; cette réforme constitutionnelle a aussi renforcé les pouvoirs de nomination du président et affaibli la séparation des pouvoirs et l'indépendance de la justice.

Pour autant, les projets biélorusses n'ont pas été abandonnés. Le 4 novembre 2021, les présidents russe et biélorusse ont adopté un programme en 28 points et une « doctrine militaire de l'Union » avec pour objectif de « créer un État d'Union en 2021-2023 » et de mettre en cohérence leurs politiques de défense[1]. A. Loukachenko a accepté en 2021 l'installation d'une base aérienne russe sur le territoire biélorusse, alors qu'il s'y opposait à toute force en 2019. Des avions de chasse russes Su-30 ont rejoint la base de Baranovitchi au mois de septembre 2021. Une unité de défense antiaérienne russe est désormais déployée à Grodno, près de la Pologne et de la Lituanie. La marginalisation du régime biélorusse du fait de la répression et de la crise migratoire orchestrée à l'été 2021 constitue une aubaine pour Moscou. La réunion des armées russe et biélorusse est en cours, d'après A. Loukachenko lui-même qui a déclaré, à la fin du mois de janvier 2022, que la Biélorussie pourrait entrer en guerre si la Russie était attaquée.

1. http://en.kremlin.ru/events/president/news/67066.

Mythes historiques et nouveau roman national

Un dernier argument plaide en faveur de l'idée que V. Poutine pourrait s'attacher, en sus du reste, à restaurer la grande Russie. Il tient à l'intérêt toujours plus vif que le président russe porte aux symboles et à l'histoire longue. Par trop négligée, cette dimension identitaire constitue, à notre avis, une motivation puissante pour qui aspire à laisser une trace dans l'histoire et qui, au seuil de son soixante-dixième anniversaire, jette un regard rétrospectif sur sa trajectoire prodigieuse et inespérée, tout en imaginant l'avenir de son pays.

Au centre du roman national actuel figure la « Grande Guerre patriotique » (1941-1945) qui, rappelons-le, a fait en Union soviétique 26 millions de morts, dont près de 10 millions de pertes militaires. S'impose une sorte d'idéologie des vainqueurs qui vient supplanter la perception de la défaite dans la guerre froide et qui rend inopportune toute référence aux répressions staliniennes (au motif que les vainqueurs ne peuvent pas être en même temps des tueurs). En 2020, un impressionnant défilé militaire a marqué le 75e anniversaire de la fin de la Seconde Guerre mondiale. Reportée en raison de la pandémie de coronavirus, la « parade de la victoire » a été fixée au 24 juin, jour de la « parade des vainqueurs » que Staline, au faîte de sa gloire, avait voulue en 1945[1]. Comme en 1945, les bannières du Front d'Ukraine apparaissaient, en 2020, au premier plan. Mais parmi les dirigeants postsoviétiques montrés un à un à l'écran, manquait à l'appel le président ukrainien.

Au-delà de leur importance stratégique et militaire, l'Ukraine et la Crimée touchent au cœur de l'identité russe et orthodoxe. En témoignent les déclarations du président russe lui-même qui s'est piqué, en 2021, d'écrire un long

1. https://www.youtube.com/watch?v=1mhUEw1W_gY. Voir à partir de la minute 38.

article pour défendre sa vision de l'unité historique des Russes et des Ukrainiens et pour expliquer qu'ils formaient un seul et même peuple[1]. En témoignent aussi les rivalités de puissance qui opposent les patriarcats de Moscou et de Constantinople, ainsi que le schisme et les tensions qui ont suivi la reconnaissance de l'autocéphalie de l'Église d'Ukraine en janvier 2019[2].

L'annexion de la Crimée a pu être présentée en Russie comme un moyen de corriger une «erreur historique», Nikita Khrouchtchev, ancien chef du parti communiste d'Ukraine, ayant décidé d'offrir la «Crimée russe» à l'Ukraine en 1954, à une époque où cette décision administrative n'avait aucune implication, personne n'envisageant une dislocation de l'Union soviétique. Mais sa «reconquête» a permis d'inscrire l'action des autorités russes dans le temps long de l'histoire impériale et soviétique. Non seulement elle établissait un lien avec la Grande Catherine dont l'armée s'en était emparée en 1783, mais elle réconciliait plusieurs imaginaires, la péninsule ayant été tour à tour un lieu de villégiature pour la noblesse et des écrivains russes au XIXe siècle, le point d'évacuation de l'escadre Wrangel après la défaite des armées blanches et le théâtre de combats féroces de l'Armée rouge pendant la Seconde Guerre mondiale.

Sur le plan religieux, une tradition – mal établie, mais vivace – veut que l'apôtre André, prêchant autour de la mer Noire, ait atteint Chersonèse au sud de la péninsule de Crimée et même, selon certains, qu'il soit allé jusqu'à Kiev (qui n'existait pas). À l'époque impériale, saint André, le «premier appelé» par Jésus et le frère de saint Pierre, était considéré comme le saint patron de l'Église et de l'armée russes; il est aujourd'hui le protecteur de la Marine russe

1. http://en.kremlin.ru/events/president/news/66181.

2. C. Marangé, «Les rivalités entre Moscou et Constantinople», *Études*, 2019/12, p. 79-91; C. Marangé, «L'Église autocéphale d'Ukraine», *Esprit*, mars 2019, p. 25-29.

qui a la croix de son martyre pour étendard. Enfin, Kiev demeure à jamais le berceau de l'orthodoxie slave. Le grand-prince Vladimir de Novgorod tua son frère en 980 pour monter sur le trône de Kiev. Huit ans plus tard, il embrassa la foi orthodoxe à Chersonèse afin de sceller une alliance avec l'empereur byzantin (et d'épouser sa sœur), puis fit baptiser son peuple à Kiev dans le Dniepr, marquant ainsi le début de la christianisation de la Rous. En 2016, V. Poutine a dédié à Vladimir le Grand, qui est son saint protecteur (il a le même nom de baptême) et qui est considéré comme le « patron de la Sainte Russie » et même « l'égal des apôtres », une statue monumentale, haute de 17 mètres, qu'il a fait installer à l'entrée du Kremlin et qu'il a inaugurée en personne.

Une combinaison des moyens

Après l'examen des fins, passons à celui des moyens. Les dirigeants russes ont démontré ces dernières années qu'ils étaient capables de surprises stratégiques, qu'ils acceptaient le risque et même qu'ils l'intégraient à leur potentiel de combat. Ils ont également démontré leur capacité à combiner plusieurs modes d'action, à cultiver l'incertitude et à semer le doute en usant de moyens détournés, notamment de relais d'influence, de la désinformation et de l'influence informationnelle[1].

---

1. Marlène Laruelle et Kevin Limonier, « Beyond "hybrid warfare" : a digital exploration of Russia's entrepreneurs of influence », *Post-Soviet Affairs*, vol. 37 (4), 2021, p. 318-335 ; Maxime Audinet et Céline Marangé, « La Russie : l'espace informationnel comme terrain de conflictualité », dans C. Marangé et Maud Quessard (dir.), *Les guerres de l'information à l'ère numérique*, Paris, Presses universitaires de France, 2021, p. 115-135 ; M. Audinet, « Le lion, l'ours et les hyènes. Acteurs, pratiques et récits de l'influence informationnelle russe en Afrique subsaharienne francophone », Étude de l'IRSEM, 83, juillet 2021.

L'intimidation et la dissuasion constituent, selon toute apparence, des moyens privilégiés. S'exprimant en russe, le 14 janvier 2022, à l'ambassade de Russie à Bruxelles après le Conseil OTAN-Russie, le vice-ministre Grouchko a indiqué sans ambages qu'une détérioration de la situation pouvait « conduire aux conséquences les plus imprévisibles et les plus graves pour la sécurité européenne », ajoutant : « si l'OTAN recourt à une politique d'endiguement (*sderživanie*), de notre côté ce sera une politique de contre-endiguement ; si c'est l'intimidation, ce sera la contre-intimidation ; si c'est la recherche de vulnérabilités dans le système de défense de la Fédération de Russie, ce sera la recherche de vulnérabilités dans celui de l'OTAN[1] ». Brandir la menace de l'OTAN relève certes d'un conditionnement, du réflexe de Pavlov. Faire croire à une menace existentielle permet aussi de justifier son agressivité et sa volonté de domination.

Après 2014, l'outil militaire a été particulièrement mis à profit pour modifier l'équilibre des forces et peser dans des négociations. Au début de l'année 2022, l'atmosphère martiale qui régnait en Russie et l'ampleur des déploiements de troupes et de matériels militaires aux frontières de l'Ukraine conduisaient nécessairement à se demander si le Kremlin considérait l'éventualité de déclencher un conflit armé pour parvenir à ses fins. Évidemment très risquée, l'option militaire semblait encore improbable même si l'on pouvait penser qu'elle permettrait, en cas de victoire, d'atteindre d'un même coup plusieurs objectifs : inspirer le respect et la crainte, imposer une sphère d'influence, récupérer quelques territoires perdus. En plus d'une vive réaction en Ukraine, elle entraînerait à n'en pas douter de nouvelles sanctions américaines, y compris l'exclusion des grandes compagnies russes du réseau interbancaire SWIFT. Or la non-convertibilité du

1. https://www.youtube.com/watch?v=mvRS55MO5Vk.

yuan ne permet pas d'envisager une alternative viable à ce système financier.

À cette époque, certains experts envisageaient la possibilité d'une attaque massive, à l'instar des autorités américaines qui avaient déjà prédit plusieurs fois une invasion imminente de l'Ukraine[1]. D'autres considéraient qu'il s'agissait d'une vaste intoxication destinée à négocier en position de force et à vaincre par la seule intimidation, sans avoir à combattre. Si tel était le cas, le plan présentait l'inconvénient majeur de ne pas inciter à l'accommodement et de comporter des risques certains : celui qui exerce le chantage croit que plus la menace militaire sera crédible, plus les concessions seront grandes ; celui sur qui s'exerce le chantage comprend que la moindre concession sera perçue comme un aveu de faiblesse et une incitation à monter les enchères.

À cette époque, il me semblait que s'il fallait élaborer un scénario d'intervention militaire russe en Ukraine, il s'articulerait autour de la mer d'Azov. Du fait de sa position géographique, une action armée y apparaissait moins risquée que dans la région de Kharkiv où des combats de guerre urbaine pourraient vite survenir. Importants seraient les gains stratégiques et économiques : une telle opération permettrait de relier par la terre la région de Rostov-sur-le-Don à la Crimée en intégrant, le cas échéant, les territoires séparatistes du Donbass ; elle transformerait la mer d'Azov en lac intérieur, facilitant tant la défense de la Crimée et du détroit de Kertch que l'exportation des minerais du Donbass depuis le port de Marioupol. Enfin, la prise du canal de Crimée du Nord relié au fleuve Dniepr résoudrait le problème aigu de l'approvisionnement en eau de la péninsule. Cette conquête aurait aussi une portée symbolique : n'est-ce pas dans cette zone longtemps disputée qu'en 1696, Pierre le Grand connut sa première grande victoire,

1. Mathieu Boulègue, « Time Is Running Out in Ukraine », CEPA, 3 février 2022.

bien avant le triomphe de Poltava en 1709, en Ukraine encore, contre « l'invincible » roi de Suède[1] ?

Enfin, un dernier moyen de prédilection est la négociation musclée. Dernièrement, le style de négociation russe se caractérise par le maximalisme des demandes, une rudesse dans la forme et le recours à des mesures dilatoires, ce qui inévitablement instille le doute quant à la volonté d'aboutir. Les exemples qui l'illustrent abondent. Favorable à la reconduction du traité New Start, la partie russe a créé des complications inutiles après l'investiture de Joe Biden et attendu le dernier moment pour conclure en février 2021. Arc-boutée à une lecture littérale des clauses politiques des accords de Minsk II, elle se refusait à tout aménagement dans leur ordre d'application. Dans les négociations avec les Européens et les Américains, Moscou souffle le chaud et le froid et tente ostensiblement de semer le trouble et la discorde. En novembre 2021, le ministre malien des Affaires étrangères a ainsi été convié à Moscou à la veille d'une rencontre franco-russe de niveau ministériel à Paris, destinée à discuter de la présence de mercenaires du groupe Wagner au Mali où la France maintient des forces dans le cadre de l'opération Barkhane[2].

Maskirovka et autoaveuglement

Nul doute que la négociation présente en soi des vertus : en favorisant l'échange de vues, elle permet une meilleure compréhension des positions mutuelles. Pour qui croit à la coopération, il n'existe pas d'autre voie pour aplanir un différend et régler un conflit. Pour qui croit à la

1. Thierry Sarmant, *Pierre le Grand. La Russie et le monde*, Paris, Perrin, 2020 (voir le chap. 6 « Les deux campagnes d'Azov, p. 81-92).

2. Frédéric Bobin *et al.*, « Du Soudan au Mali, comment la Russie place ses pions en Afrique », *Le Monde*, 28 janvier 2022.

force, toutefois, la négociation peut être entamée sans aucune intention de la mener à bien, avec pour seuls objectifs de gagner du temps, d'obtenir du renseignement, de leurrer l'adversaire, d'endormir sa vigilance ou d'anticiper sa réaction. Mieux vaut garder ce risque à l'esprit, encore plus quand on négocie avec un adversaire auto-désigné dont la culture militaire incite à rechercher la surprise et érige la *maskirovka* en principe cardinal.

Comparaison n'est pas raison. Un exemple historique revient néanmoins en mémoire, d'autant que V. Poutine a pris la plume en 2020 pour défendre en anglais, dans *The National Interest*, sa conception du pacte Ribbentrop-Molotov[1]. Le 22 août 1939, la veille de sa signature, le général d'armée Aimé Doumenc était à Moscou où il menait toujours des pourparlers avec le commissaire du peuple à la Défense Kliment Vorochilov. À 19 heures – heure choisie par les Soviétiques – le chef de la délégation française vint annoncer une concession de taille : pouvoir lui avait été donné de signer une convention militaire dans laquelle serait « stipulée l'autorisation du passage des troupes soviétiques aux points déterminés par [les Soviétiques], c'est-à-dire le couloir de Vilna et, si cela est nécessaire [...] le passage également à travers la Galicie et la Roumanie ». Non content, Vorochilov marqua une exigence supplémentaire : « que le gouvernement français donnât l'assurance que les gouvernements polonais et roumain étaient consentants au passage sur leur territoire[2] ».

Le lendemain, le général Doumenc ne put que constater l'étendue de la déconvenue : « La délégation allemande composée d'une trentaine de fonctionnaires était arrivée à l'aérodrome de Moscou, pavoisé aux couleurs hitlé-

1. Vladimir Putin, « The Real Lessons of the 75th Anniversary of World War II », *The National Interest*, 18 juin 2020.

2. Archives du Service historique de la Défense (SHD), GR 7N 3185 : Mission Doumenc. PV des séances franco-anglo-soviétiques du 13 au 25 août 1939 », 113 p., voir en particulier le « texte de l'entretien du camarade Vorochilov avec le général Doumenc, 22 août 1939 », p. 104.

riennes. [...] À peine arrivé, Ribbentrop était reçu au Kremlin à 15h30 pour une première entrevue, et avait vu Staline. [...] Enfin, le soir, le bruit se répandit que l'accord était signé. Nous étions loin des atermoiements des négociations anglo-franco-russes». Mais à cette heure funeste, il ne «voulait pas encore se tenir pour battu»; pragmatique, il espérait que «peut-être les Allemands refuseraient de se plier aux exigences russes». Immédiatement informé et déjà fort inspiré, le général Maurice Gamelin, chef d'état-major, lui intima sur-le-champ de rester à Moscou, excluant de rappeler la mission militaire tant que le gouvernement soviétique «n'aurait pas signifié qu'il se refuserait à toute force à la coopération avec les puissances démocratiques[1]».

La suite est connue, nul besoin d'y revenir. On sait maintenant que Staline renonça à l'idée de la sécurité collective à l'automne 1938 après les accords de Munich, se montrant plus irrité de la «trahison» franco-britannique que de l'annexion des Sudètes par les nazis[2]. Persuadé que Paris et Londres cherchaient à provoquer l'Allemagne contre l'Union soviétique, il commença à envisager un retournement d'alliance sans cesser de louvoyer[3].

Se pose évidemment la question de savoir ce qui incita les chefs militaires français à prêter foi aux allégations des Soviétiques quand ces derniers les approchèrent, au printemps 1939, en vue de conclure une convention militaire et pourquoi ils poursuivirent les négociations jusqu'au cœur de l'été, au point d'exposer en détail l'état de l'armée fran-

1. SHD GR 7N 3185 : «Souvenirs de la mission en Russie, août 1939» rédigé par le général Aimé Doumenc, 142 p., p. 127.

2. G. L. Rozanov, *Staline-Hitler. Essai documentaire des relations diplomatiques germano-soviétiques, 1939-1941*, Moscou, Mejdunarodnye Otnoshenia, en russe, http://militera.org/books/pdf/research/rozanov_gl03.pdf.

3. Geoffrey Roberts, *The Soviet Union and the Origins of the Second World War. Russo-German Relations and the Road to War, 1933-1941*, New York, Springer, 1995 (voir le chapitre «From Confrontation to Conciliation: Origins of the Nazi-Soviet Pact, 1938-1939», p. 62-91).

çaise et de partager les plans établis par leurs états-majors pour protéger la France, la Pologne et la Roumanie. Ils n'ignoraient ni leurs convictions idéologiques, ni leurs activités de subversion, ni leur absence de tout scrupule. L'ampleur de la grande Terreur de 1937-1938 était certes encore inconnue, elle « aboutit, en seize mois, à la mise à mort, dans le secret le plus total, de quelque 800 000 personnes jugées "nuisibles"[1] »; parmi les 35 000 officiers arrêtés[2], 84 des 86 généraux ayant un grade équivalent ou supérieur à celui de général de corps d'armée furent fusillés[3]. Mais les autorités militaires françaises savaient que « la répression avait décimé le haut commandement de l'Armée rouge » et emporté le maréchal Toukhatchevski et sept de ses généraux. Des rapports du renseignement les avaient alertées sur ces « épurations massives[4] ». Malgré tout, elles s'attendaient à ce que les « puissances démocratiques » soient traitées avec égard.

Lucidité sur le danger

Cette pénible évocation peut servir de sain rappel : il est toujours périlleux de projeter sur l'autre ce qu'on souhaite voir en lui et de lui prêter les intentions qu'on voudrait lui voir avoir, encore plus quand cet autre vous perçoit comme un adversaire et qu'il n'épouse pas le même code de valeurs. La Russie nous est proche par la richesse

1. Nicolas Werth, « Massacre sur quotas : "l'opération 00447" (URSS, 1937-1938) », *Histoire@Politique*, 26, mai-août 2015.

2. N. Werth, *L'ivrogne et la marchande de fleurs. Autopsie d'un meurtre de masse, 1937-1938*, Paris, Tallandier, 2009 (voir le chapitre « Purges des élites et opérations de masse », p. 27-74).

3. O. F. Suvenirov, *La tragédie de la RKKA, 1937-1938*, Institut d'histoire militaire, Ministère russe de la Défense, Moscou, Terra, 1998, en russe. RKKA était l'acronyme de l'Armée rouge des travailleurs et des paysans.

4. Rapports contenus dans le carton SHD GR 7 N 3122.

extraordinaire de sa culture. Mais sa culture politique, historiquement éloignée de la nôtre, reste marquée par l'expérience répétée d'une violence inouïe. La méconnaissance de cette différence fondamentale peut induire en erreur.

Plus que jamais il paraît nécessaire de procéder à une analyse lucide de l'ensemble des changements à l'œuvre dans ce pays : depuis 2020, le régime politique se durcit et muselle un peu plus la société civile. Taxés d'« agents de l'étranger » ou d'« organisations indésirables », des formations politiques comme le fonds de lutte contre la corruption, des ONG respectables comme Mémorial et des médias indépendants, sont condamnés à la « liquidation » ; leurs membres sont intimidés et pour certains emprisonnés. Un projet de décret présidentiel, présenté en janvier 2022, affirme que « l'activité des organisations extrémistes et terroristes, *l'action des États-Unis et de leurs alliés*, les corporations transnationales et les ONG étrangères constituent une menace pour les valeurs traditionnelles » et que leur « impact idéologique et psychologique sur les citoyens russes conduit à implanter un système d'idées et de valeurs étranger au peuple russe et destructeur pour la société russe ».

On observe en parallèle une militarisation de la société[1], un réarmement tous azimuts, des déploiements et des manœuvres d'intimidation à l'étranger, des actions offensives dans les champs immatériels et une posture agressive à l'égard de l'Ukraine. Ces évolutions suscitent des craintes légitimes en Europe orientale, mais aussi en Russie où la population se déclare plus inquiète et où, d'après des témoignages et des sondages du Centre Levada (désormais « agent de l'étranger »), on sent la guerre

1. Tatiana Kastoueva-Jean, « L'éducation patriotique et militaire, un avatar de l'époque soviétique ? », *Revue de défense nationale*, 802, 2017/7, p. 72-77 ; Olga Konnka, « Quand la guerre s'invite à l'école : la militarisation de l'enseignement en Russie », Russie. Nei. Reports, 30, Ifri, mai 2020.

venir[1]. On perçoit une certaine fébrilité chez les experts russes, alors qu'il n'existe plus à Moscou de garde-fou ni de débats contradictoires sur les questions de politique étrangère et de défense. La seule protestation publique contre la perspective d'une guerre en Ukraine est venue, le 31 janvier 2022, de l'Assemblée des officiers de toute la Russie, présidée par le général de corps d'armée en retraite Leonid Ivachov[2]. Proche des milieux patriotiques, le général Ivachov dénonce « l'ultimatum » de décembre et la « crise systémique » de l'État russe, mettant en garde contre une guerre sans raison qui ferait « des dizaines de milliers de morts[3] ». Selon lui, elle pourrait même entraîner « une catastrophe géopolitique pour les siècles à venir », d'où son appel à la démission de V. Poutine.

Épilogue : Retour à une force oppressive et asservissante

Deux semaines après la publication de cet article, Vladimir Poutine lançait son armée dans une guerre d'agression contre l'Ukraine. Il apparaît désormais que les exigences présentées par le Kremlin aux pays occidentaux concernant les questions de sécurité n'étaient pas une fin en soi, mais un prétexte pour en découdre et regagner des « terres historiques » – et par là même l'honneur. Il a ainsi prouvé que ce qui peut paraître dépassé et irrationnel dans une Europe libérale et postmoderne n'est pas forcément perçu comme tel ailleurs. Car pour ceux qu'elle fascine, la

1. Sondages publiés le 17 janvier 2022 et le 18 janvier 2022 sur le site du Centre Levada.

2. « Adresse de l'Assemblée des officiers de toute la Russie au président et aux citoyens de la Russie », datée du 28 janvier 2022 et disponible sur le site de l'association (http://ooc.su). Le lien était actif le 23 mars 2022.

3. Cette vidéo que nous avons écoutée au début du mois de février n'est plus accessible le 23 mars 2022.

guerre n'est pas seulement un moyen d'imposer sa volonté, c'est aussi une catharsis.

Bien qu'alertés à de multiples reprises par les États-Unis, la plupart des responsables politiques ukrainiens n'ont pas voulu croire à la possibilité d'une invasion massive et d'une guerre de haute intensité. Le chef de la région (*oblast*) de Soumy, limitrophe de la Russie et soumise à un feu intense depuis le début des hostilités, reconnaît avoir considéré jusqu'au dernier moment qu'il y aurait tout au plus « une exacerbation [des combats] dans le Donbass[1] ». De même, dans leur majorité, les experts de la Russie, russes comme étrangers, n'ont pas envisagé sérieusement le scénario du pire. Conscients des risques et des conséquences d'une telle aventure militaire, ils pensaient que primeraient la raison et l'instinct de conservation. Or la soif de conquête l'a emporté sur le calcul rationnel.

Pour motiver sa décision, Vladimir Poutine a fait valoir des raisons historiques et stratégiques. Deux jours avant le début de la guerre, il niait l'existence même de la nation ukrainienne et clamait que l'État ukrainien était une création de Lénine. Au matin du 24 février, jour de l'invasion, il arguait de la nécessité de « dénazifier » et de « démilitariser » l'Ukraine, menaçant à demi-mot du feu nucléaire les pays qui voudraient lui venir en aide. En russe, un terme de trois lettres désigne la nouvelle réalité qui s'impose à nous : *igo*, la force oppressive et asservissante. Resurgit sous nos yeux cette force brute qui, au XIIIe siècle, avait écrasé la Rous kiévienne sous la domination de la Horde d'or. Le joug mongol a « laissé, dans la conscience populaire russe, un souvenir précis et sans nuance : celui d'un pouvoir étranger, de l'esclavage, de la contrainte et de l'arbitraire[2] ». Sans doute faut-il ajouter que ces conquérants ne

1. Interview de Dmitri Jivitskij intitulée « Quelle relation aux Russes ? Aucune. Ce sont des parias pour mille ans », *Meduza*, 22 mars 2022, en russe.

2. Michel Heller, *Histoire de la Russie et de son empire*, Paris, Perrin, 2015 (voir « L'invasion », p. 129-161).

s'arrêtaient pas sur les terres qu'ils pillaient et ravageaient : ils poursuivaient ensuite leur route vers l'ouest.

Quatre semaines après le début de l'offensive militaire russe, le choc et la sidération ont laissé place, en Ukraine, à une combativité hors du commun et, ailleurs en Europe, à la conscience de la fragilité de la paix et à la réalisation, soudaine et implacable, qu'il ne suffit pas de se payer de mots sur la sécurité et la coopération pour éviter la guerre. Un dur réveil attend aussi la Russie. Intoxiqués par leur propre propagande, désinformés par leurs services de renseignement, les dirigeants russes ont commis plusieurs erreurs majeures dont les effets se font déjà ressentir.

La première erreur concerne la réaction politique que l'invasion a suscitée dans les deux pays. En Ukraine, seules les régions russophones ont pour l'heure été envahies, mais nulle part la population n'a accueilli les chars russes en « libérateurs ». Loin de fuir, le président Zelensky a su incarner la concorde nationale et insuffler l'esprit de résistance à tout un pays. En Russie, la population, soumise à une propagande intense et haineuse, soutient pour une part « l'opération militaire spéciale » en Ukraine. Néanmoins, des manifestations antiguerre ont eu lieu dans plus de soixante villes russes en dépit des menaces des services de sécurité qui ont arrêté près de 13 000 personnes pendant les deux premières semaines de l'offensive.

Une deuxième erreur a consisté à sous-estimer les capacités de l'armée ukrainienne et à surestimer celles de l'armée russe qui, pour des raisons qui restent à élucider, n'a pas mené cette guerre suivant sa doctrine militaire ni au niveau des capacités qu'elle a démontrées en Syrie. En situation d'infériorité capacitaire, les soldats ukrainiens, bien équipés et entraînés, ont démontré une détermination et une habileté au combat, réussissant à abattre des avions russes et à mettre hors d'état de nuire des colonnes entières de blindés. Près de 200 000 Ukrainiens auraient rejoint les rangs de la défense territoriale en un mois, tandis que se mobilise la société civile ukrainienne pour soutenir les combattants, lever une « armée cyber » et mener des actions de guerre psychologique.

Du côté russe, les opérations n'ont pas été planifiées dans des conditions normales en raison notamment du secret qui entourait les intentions finales du président russe, entraînant, dès les premiers jours, de graves problèmes logistiques. Déployée aux frontières de l'Ukraine depuis de longs mois, l'armée russe a d'emblée manqué de motivation et essuyé des pertes considérables. En un mois, elle aurait perdu au minimum 7 000 hommes, ainsi que cinq généraux, un amiral et plusieurs commandants d'unités, dont un colonel des troupes d'élite aéroportées VDV. Depuis le milieu du mois de mars, elle peine à reprendre l'initiative et à poursuivre son offensive, recourant de plus en plus à une stratégie d'anéantissement.

Enfin, une troisième erreur a consisté à mésestimer la réaction des pays occidentaux. Unies et résolues, les capitales occidentales ont pris, en un temps record, plusieurs trains de sanctions d'une ampleur encore inégalée pour tenter de freiner l'effort de guerre du Kremlin et créer de l'instabilité dans le système politique, économique et financier russe. Rien ne semble cependant infléchir la volonté du président russe pour le moment. Si la conquête de toute l'Ukraine semble aujourd'hui hors de portée, il n'a pas renoncé à achever son opération de « dénazification » de l'Ukraine. Dans le même temps, il recourt sans vergogne à une rhétorique qui évoque les heures les plus sombres du stalinisme, appelant expressément, le 16 mars, à « l'autopurification de la société russe » et à l'éradication de la « cinquième colonne » et des « traîtres à la nation ».

La brutalisation de la guerre revêt désormais trois dimensions. D'un côté, l'armée russe bombarde et pilonne sans relâche plusieurs villes d'Ukraine, notamment Marioupol, qui avait vaillamment résisté en 2014. De l'autre, les services de sécurité russes réduisent au silence la société civile, en criminalisant la « désinformation » sur le conflit, en interdisant les derniers médias indépendants et en bannissant les réseaux sociaux occidentaux. Enfin, plane la menace d'une escalade verticale du conflit pour au moins deux raisons. D'une part, les plus hauts dirigeants russes accusent le gouvernement ukrainien d'envisager de frapper Moscou au moyen d'une bombe radioactive sale ou de fabriquer des armes bactériologiques avec le soutien du Pentagone. D'autre part, l'armée russe ne parviendra pas à remplir les objectifs fixés. Au mieux réussira-t-elle à prendre des gages territoriaux pour négocier en position de force. On peut douter que cela suffise à Vladimir Poutine qui a joué son va-tout et franchi le Rubicon en lançant cette guerre d'agression contre l'Ukraine.

Céline Marangé est chargée de recherches au Service historique de la Défense et consultante permanente au Centre d'analyse, de prévision et de stratégie du ministère de l'Europe et des Affaires étrangères. Parmi ses publications récentes sur la Russie, on peut citer : avec Susan Stewart, « French and German Approaches to Russia : Convergence yes, EU compatibility no » (Chatham House, novembre 2021) ; « La guerre du Golfe vue de Moscou : la haute précision en ligne de mire » (*Revue de défense nationale*, octobre 2021).

2

LA RUSSIE RATE SA SORTIE

FRÉDÉRIC MÉRAND

Article publié le 8 mars 2022 dans *Le Rubicon*[1], mis à jour le 24 mars 2022.

Lorsqu'un empire tire sa révérence, il peut le faire avec une certaine élégance, ou en semant le chaos et la désolation dans son sillage[2]. Ce deuxième scénario décrit bien la Russie de Vladimir Poutine, prêt à tout pour faire oublier le déclin géopolitique et maintenir le rang de son pays dans le concert des nations. Au prix d'une musique discordante, voire d'un effondrement.

Deuxième puissance militaire mondiale, détentrice de l'arme nucléaire et d'un siège permanent au Conseil de sécurité des Nations Unies, la Russie souffre d'un produit intérieur brut inférieur à celui du Canada, et stagnant depuis vingt ans, ainsi que d'une démographie en berne. Depuis 1991, elle a aussi perdu une bonne partie de son territoire (les ex-républiques soviétiques) et de sa sphère d'influence (les pays d'Europe centrale et de l'Est). Cet écart entre un passé marqué par la grandeur et un présent rabougri explique en bonne partie la politique étrangère de Moscou[3].

---

1. https://lerubicon.org/publication/la-russie-rate-sa-sortie/.

2. Paul K. MacDonald, Joseph M. Parent, « Graceful Decline ? The Surprising Success of Great Power Retrenchment », *International Security*, Vol. 35 (4), 2011, p. 7-44.

3. Iver B. Neumann, Vincent Pouliot, « Untimely Russia : Hysteresis in Russian-Western Relations over the Past Millennium », *Security Studies*, Vol. 20 (1), 2011), p. 105-137.

L'URSS ET LE BLOC DE L'EST

S'exprimant par l'invasion brutale et non provoquée de l'Ukraine, l'*hubris* d'un dictateur se croyant encore à la tête d'une grande puissance menace non seulement la paix régionale, mais aussi l'ordre international. Certains pensent que le sentiment d'encerclement et d'humiliation éprouvé par les élites russes à la suite de l'élargissement de l'OTAN rendait cette action inévitable[1]. Depuis le 24 février 2022, cette explication est de moins en moins convaincante. Même si l'on peut discuter de la façon dont la Russie a été poussée dans les câbles après la fin de la guerre froide, Vladimir Poutine avait le choix, et il a fait le pire[2].

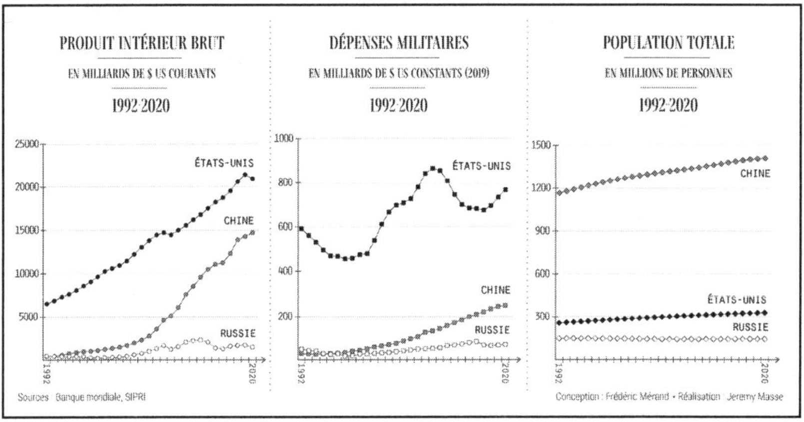

Faire face au déclin géopolitique

Dans un ouvrage collectif paru en 2020, mes coauteurs et moi décrivons huit stratégies de gestion du déclin géopolitique[3]. Celles-ci offrent un menu d'options pour faire

1. John J. Mearsheimer, « Why the Ukraine Crisis Is the West's Fault », *Foreign Affairs*, septembre-octobre 2014, p. 77-89.

2. Vincent Pouliot, « The Year NATO Lost Russia », in Frédéric Mérand, Martial Foucault, Bastien Irondelle (dir.), *European Security Since the Fall of the Berlin Wall*, Toronto, University of Toronto Press, 2011, p. 239-259.

3. Frédéric Mérand (dir.), *Coping with Geopolitical Decline: European Lessons for America*, Montréal-Kingston, McGill-Queen's University Press, 2020.

face au déclin. Elles suggèrent qu'il est possible de le ralentir ou à tout le moins d'en amoindrir les conséquences, mais aussi de l'aggraver.

Certaines stratégies explorées dans le livre visent le système international. Alors que l'Empire byzantin tardif (1261-1453) avait tenté de faire oublier son obsolescence programmée par une stratégie d'*engagement* culturel et diplomatique, l'Autriche-Hongrie a choisi la guerre punitive – une forme de *prévention* – contre la Serbie. Plus près de nous, les États-Unis ont essayé de stimuler leur *compétitivité* économique sous Ronald Reagan et Barack Obama, avant d'entamer un *désengagement* des institutions mondiales pendant le mandat de Donald Trump.

D'autres stratégies s'adressent au public interne. Alors que Dioclétien (244-311) avait *innové* pour restaurer l'autorité de Rome par des réformes, les Shoguns japonais ont mis en œuvre une politique *isolationniste* pendant la période Edo (1650-1842). Après la chute du mur de Berlin, la Russie choisit d'abord l'*imitation* du modèle occidental, avant de se tourner dans les années 2000 vers la *galvanisation* (*self-strengthening*) patriotique des élites et de l'opinion.

Car si la réalité objective du déclin géopolitique s'observe *a posteriori* par les historiens, il s'agit pour les contemporains d'une performance théâtrale en temps réel. Le déclin relève de la gestion des impressions théorisée par Erving Gofmann[1]. Une telle stratégie consiste à mobiliser, au choix, des ressources économiques, militaires, culturelles et politiques afin de maintenir son statut social dans le monde[2]. En quelque sorte, la France opposant au Conseil de sécurité son droit de veto à la

1. Rebecca Adler-Nissen, « Stigma Management in International Relations : Transgressive Identities, Norms, and Order in International Society », *International Organization*, 68, 2014, p. 143-176.

2. T.V. Paul, Deborah Welch Larson, William C. Wohlforth (dir.), *Status in World Politics*, Cambridge, Cambridge University Press, 2014.

guerre en Irak et la Turquie cherchant à peser sur les conflits de son voisinage mettaient en scène un refus du déclin en s'appuyant sur leurs ressources les plus critiques.

Le nationalisme de grande puissance

En toute honnêteté, nous avons écrit *Coping with Geopolitical Decline* en ayant le déclin des États-Unis à l'esprit, persuadés que l'Europe était porteuse de leçons utiles pour une bientôt ex-puissance hégémonique alors travaillée par les frasques de Donald Trump dans un contexte de montée en puissance de la Chine[1].

C'était sans compter sur la trajectoire, peut-être prévisible, de la Russie. Un chapitre du livre est spécifiquement dédié à ce pays[2]. Reprenant les termes de notre typologie, Seçkin Köstem et Virginie Lasnier y décrivent la stratégie de Vladimir Poutine comme un mélange de galvanisation idéologique et de prévention militaro-sécuritaire. Cette stratégie s'est imposée par le truchement d'un « nationalisme de grande puissance » ralliant l'opinion publique à la position revancharde des élites sécuritaires, les *siloviki*. Dans une conclusion (p. 151) qui apparaît prémonitoire, Köstem et Lasnier écrivent : « le cas de la Russie démontre qu'en matière de politique étrangère, l'agressivité pourrait galvaniser le soutien du public au gouvernement, surtout en période de troubles économiques et de crise politique aiguë. Toutefois, [cette stratégie] n'est clairement pas durable à long terme et le révisionnisme en politique étran-

1. Alexander Cooley, Daniel Nexon, *Exit from Hegemony. The Unraveling of the American Global Order*, Oxford University Press, 2020.

2. Seçkin Köstem et Virginie Lasnier, « Resisting Decline : Russia, the West, and Eurasia », in Frédéric Mérand, *Coping with Geopolitical Declin*, *op. cit.*, p.127-160.

gère ne peut pas compenser l'absence de réformes économiques et politiques».

C'est le scénario qu'on observe dans la guerre en Ukraine: une agressivité hors de proportion qui s'appuie sur une opinion publique chauffée à blanc par un discours nostalgique à propos de la grande Russie[1]; un mépris assumé du président à l'égard des nations voisines, à la fois cajolées dans leur identité russe et accusées de faire le jeu de l'ennemi[2]; une méticuleuse mise en scène de l'ultimatum posé par le Kremlin aux chefs d'État dans un vaste ballet diplomatique; une valorisation incontinente de la force militaire face à une menace au mieux lointaine, au pire imaginaire; mais, au final, un enlisement probable sur le terrain qui exposera le délire de grandeur du Kremlin; une authentique contestation interne et des élites déboussolées face aux objectifs poursuivis; et surtout une vulnérabilité économique qui, mise à vif par un régime de sanctions économiques sans précédent, fera de la Russie un pays exsangue même après que ses forces armées auront rasé l'Ukraine[3].

La guerre préventive, le choix d'une stratégie combustible

Était-il possible qu'il en soit autrement? Fondé sur une comparaison poussée entre Byzance, la France, le Royaume-Uni et l'Union soviétique, notre ouvrage pro-

1. Arik Burakowsky, «Putin's public approval is soaring during the Russia-Ukraine crisis, but it's unlikely to last», *The Conversation*, 24 février 2022.

2. Milan Czerny, «Comment Poutine veut effacer l'Ukraine», analyse du discours donné par Vladimir Poutine le 21 février 2022, *Le Grand Continent*, 22 février 2022.

3. Adam Tooze, «Sanctions and MAD: Will a financial panic in Moscow accelerate the "logic" of escalation?» *Chartbook #88*, 27 février 2022.

pose deux conclusions générales. Premièrement, à rebours des thèses réalistes les plus primitives en relations internationales, la géopolitique n'est pas une fatalité. En effet, la stratégie de Vladimir Poutine n'était pas la seule disponible. Son prédécesseur, Boris Eltsine, avait plutôt mis l'accent sur l'imitation du modèle libéral et le désengagement stratégique[1]. Avec peu de succès, il est vrai, mais un *leader* plus éclairé que Poutine aurait saisi les perches que lui tendait l'Union européenne, plus ouverte à la coopération que l'OTAN, ou investi dans la modernisation économique de son pays[2].

Deuxièmement, le choix d'une stratégie de gestion du déclin façonne l'ordre international, pour le meilleur et pour le pire. Parmi toutes les options répertoriées dans notre livre, la prévention, c'est-à-dire la neutralisation des potentiels adversaires ou de leurs alliés, y compris par ce que Julian Go appelle la « guerre performative », est de loin la plus préoccupante pour la paix mondiale. Depuis *La guerre du Péloponnèse* de Thucydide, nous savons que l'issue de la guerre préventive est incertaine. Épuisant les belligérants, elle ne ralentit probablement pas le déclin, mais contribue à enflammer l'ordre international.

Sans surprise, la guerre préventive est privilégiée par les régimes autoritaires qui préfèrent le maintien de leur domination au bien-être de leur population[3]. Mais ici encore, Vladimir Poutine avait le choix. Bien que limitée et souffrant de la comparaison avec les mouvements démocratiques, notamment en Ukraine, son autorité n'était pas

1. Guillaume Sauvé, *Subir la victoire. Essor et chute de l'intelligentsia libérale en Russie (1987-1993)*, Montréal, Presses de l'Université de Montréal, 2019 ; Andrei P. Tysgankov, *Russia's Foreign Policy. Change and Continuity in National Identity*, Lanham, Rowman & Littlefield, 2019.

2. Magdalena Dembinska et Frédéric Mérand (dir.), *Cooperation and Conflict between Europe and Russia*, Londres, Routledge, 2022 ; Juliet Johnson et Seçkin Köstem, « Frustrated Leadership : Russia's Economic Alternative to the West », *Global Policy*, 7 (2), 2016, p. 207-216.

3. Randall C. Schweller, « Domestic Structure and Preventive War : Are Democracies More Pacific ? » *World Politics*, 44 (2), 1992, p. 235-269.

déstabilisée par la contestation interne[1]. Dans la région, jamais le dilemme de sécurité ne s'était aussi peu posé que pendant la période récente : ni l'Ukraine ni aucun autre voisin ne posait de menace à l'intégrité du territoire russe ; la probabilité d'une adhésion de ce pays à l'OTAN, par ailleurs jugée par Emmanuel Macron « en mort cérébrale », était quasi nulle ; et la domination des États-Unis, de plus en plus accaparés par l'Asie, était en train de s'effriter d'elle-même. On ne peut donc attribuer qu'à une volonté souveraine, celle de frapper au moment où les États-Unis, l'Europe et l'OTAN semblaient en situation de faiblesse, la décision d'envahir l'Ukraine.

Et la Chine ?

Il est désormais acquis que les États-Unis et la Russie sont redevenus les ennemis d'antan. Les États-Unis déclinent, certes, mais lentement et ils peuvent compter sur l'Europe pour former un bloc géopolitique. La Russie décline bien davantage et bien plus vite : trouvera-t-elle des alliés pour réussir sa sortie de scène ? Le cas le plus célèbre de « déclin réussi » est celui du passage de relais entre le Royaume-Uni et les États-Unis[2]. Celui-ci a permis à l'ex-empire britannique de rester dans le jeu tout au long du XXe siècle, occupant une place de choix dans l'ordre international et les institutions qu'il avait contribué à créer. Comme ce fut le cas pendant la guerre de Suez avortée par les États-Unis, Washington n'a pas toujours suivi Londres dans ses aventures postcoloniales, mais il a néanmoins prolongé son influence.

---

1. Timothy Frye, *Weak Strongman. The Limits of Power in Putin's Russia*, Princeton, Princeton University Press, 2021.

2. Kori Schake, *Safe Passage. The Transition from British to American Hegemony*, Cambridge, Harvard University Press, 2017.

La Chine, dont la supériorité économique, et de plus en plus militaire, sur la Russie est écrasante, jouera-t-elle un rôle semblable ? Sera-t-elle tentée de soutenir Moscou avec ses moyens économiques et diplomatiques dans le simple but d'équilibrer (ou d'achever) la puissance américaine, donnant ainsi à Vladimir Poutine l'impression d'avoir évité le déclin tout en installant son pays dans une position de sujétion ? Ou restera-t-elle un peu à l'écart, aux aguets, hésitant entre la satisfaction de voir deux rivaux s'affaiblir mutuellement et l'inquiétude de fragiliser la mondialisation économique à laquelle elle tient par ailleurs ? Là encore, Pékin comme Moscou aura le choix.

Frédéric Mérand est professeur de science politique et directeur scientifique du Centre d'études et de recherches internationales de l'Université de Montréal (CÉRIUM). Il a récemment fait paraître *Coping with Geopolitical Decline* (McGill-Queen's University Press, 2020), *L'analyse du risque politique* (avec Adib Bencherif, Presses de l'Université de Montréal, 2021) et *Un sociologue à la Commission européenne* (Presses de Sciences Po, 2021). Contact : frederic.merand@umontreal.ca/Twitter @FredericMerand

3

LES RÉACTIONS AFRICAINES À LA GUERRE EN UKRAINE : LES GOUVERNEMENTS CONTRE LES OPINIONS PUBLIQUES ?

SONIA LE GOURIELLEC

Article publié le 15 mars 2022 dans Le Rubicon [1], mis à jour le 27 mars 2022.

Le 1er mars, l'Éthiopie commémorait la célèbre bataille d'Adwa (1896) dans laquelle les troupes de Ménélik II arrêtèrent l'envahisseur italien dans le nord du pays. Une photo attire l'attention : au milieu des drapeaux éthiopiens, un jeune homme agite un drapeau russe. Rien de réellement surprenant puisque lors de cette célèbre bataille la Russie apportait son soutien actif à la lutte anticoloniale de l'empire éthiopien. Néanmoins, on ne sait pas si la personne sur la photo rend hommage à ce rôle passé de la Russie ou souhaite marquer son soutien à la Russie dans le contexte actuel de guerre en Ukraine. Dans ce dernier cas, l'image semble anachronique et incohérente : célébrer la victoire de l'Éthiopie face à un envahisseur tout en apportant son soutien à un acteur qui se trouve dans le rôle de l'envahisseur aujourd'hui.

---

1. https://lerubicon.org/publication/les-reactions-africaines-a-la-guerre-en-ukraine/.

RÉSOLUTION « AGRESSION CONTRE L'UKRAINE » DE L'ASSEMBLÉE GÉNÉRALE DE L'ONU : VOTES DES ÉTATS AFRICAINS

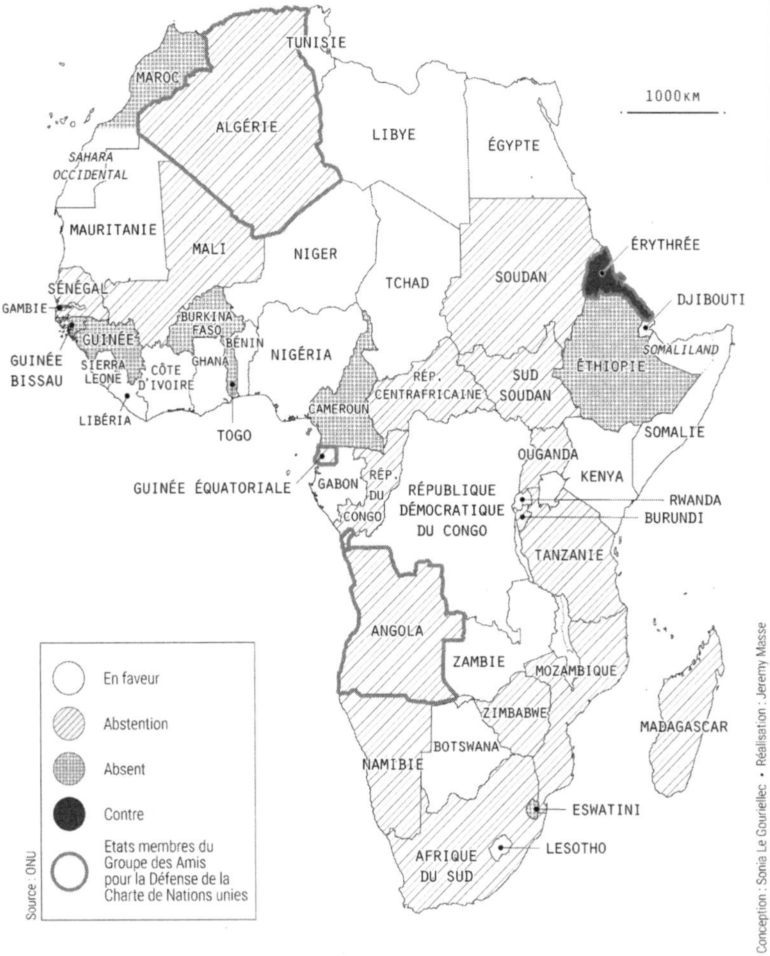

Source : ONU

Conception : Sonia Le Gouriellec • Réalisation : Jeremy Masse

Ce type d'incohérence se multiplie sur les réseaux sociaux. De nombreux Africains d'habitude soucieux, à raison, de la souveraineté de leurs États, affichent un soutien surprenant à l'action de Vladimir Poutine. Comment comprendre ce positionnement ? Nous proposons ici d'analyser les réactions des gouvernements africains au conflit en Ukraine en les distinguant des réactions des sociétés civiles.

La prudence diplomatique des gouvernements africains

Depuis le début de la guerre en Ukraine, les réactions des pays non européens sont analysées et le positionnement des pays africains fait l'objet de nombreux débats. Le 25 février, au Conseil de sécurité des Nations Unies, la Russie a bloqué par son veto un projet de résolution condamnant l'agression russe de l'Ukraine. Les trois représentants africains du Gabon, du Ghana et du Kenya avaient en revanche voté pour, et souligné l'importance du droit et des principes de la Charte des Nations Unies[1].

Quelques jours plus tard, le 2 mars, l'Assemblée générale de l'ONU (AGNU) a adopté une résolution qui « exige que la Russie cesse immédiatement de recourir à la force contre l'Ukraine ». Lors de ce vote, approuvé par 141 pays sur les 193 membres que compte l'Organisation, seuls cinq pays ont voté contre dont l'État totalitaire d'Érythrée. De plus, 35 pays se sont abstenus dont 17 pays africains (dont le Congo-Brazzaville, Madagascar, le Mali, le Sénégal, le Soudan, l'Algérie et l'Afrique du Sud). Huit pays n'ont pas pris part au vote, car ils n'étaient pas dans la salle : le Bur-

1. Conseil de sécurité, « Conseil de sécurité : la Fédération de Russie oppose son veto à une résolution exigeant le retrait de ses forces militaires du territoire ukrainien », 8979e séance, CS/14808, 25 février 2022.

kina Faso, la Guinée, la Guinée-Bissau, Eswatini, l'Éthiopie, le Cameroun, le Maroc et le Togo. L'Algérie, l'Angola et l'Érythrée sont les seuls États africains à faire partie du Groupe des amis pour la défense de la Charte des Nations Unies, créé en 2021 avec la Chine et la Russie afin de promouvoir la diplomatie et le multilatéralisme contre les actions unilatérales[1]. Tous les membres de ce groupe se sont abstenus, n'ont pas voté ou ont voté contre la résolution, à l'exception du Cambodge et de Saint-Vincent-et-les-Grenadines. Lors du vote de la résolution du 24 mars, la moitié des États africains ont soutenu la résolution condamnant la Russie à l'exception notable du Botswana, l'Éthiopie, de la Namibie, de l'Afrique du Sud et de la Tanzanie qui se sont abstenus. Quelles leçons tirer de ce vote ? Un ensemble de facteurs globaux et nationaux, sécuritaires, politiques, économiques et historiques explique le positionnement des États africains.

Quelques nuances tout d'abord : nombreux sont les États à s'être abstenus tout en rappelant dans des communiqués l'importance du droit international et du respect de l'intégrité territoriale (Madagascar et Afrique du Sud par exemple). De plus, tous ces États se sont alignés derrière les déclarations fortes de l'Union africaine[2] et des Communautés économiques régionales[3] qui condamnent la Russie. Le discours de Martin Kimani[4], ambassadeur du Kenya à l'ONU, en réaction à l'annonce de Vladimir Poutine de la reconnaissance des territoires séparatistes

1. Tom O'Connor, « China, Russia, Iran, North Korea and More Join Forces "in Defense" of U.N. », *Newsweek*, 2 mars 2021.

2. « Déclaration du Président de l'Union africaine, S.E. le Président Macky Sall, et du Président de la Commission de l'UA, S.E. Moussa Faki Mahamat, sur la situation en Ukraine », 24 février 2022, (en ligne) https://au.int/fr/pressreleases/20220224/communique-de-lunion-africaine-sur-la-situation-en-ukraine

3. CEDEAO, « Communiqué », 28 février 2022, https://ecowas.int/communiqe-de-la-cedeao-ukraine/?lang=fr.

4. Laetitia Lago Dregnounou, « Le Kenya défend l'intégrité territoriale de l'Ukraine contre la Russie », *AfricaNews*, 22 février 2022.

d'Ukraine, est particulièrement instructif : il condamne cet événement en prenant exemple sur l'histoire de l'Afrique et en rappelant l'intangibilité des frontières issues de la colonisation qui s'imposa comme principe en 1963 dans la Charte de l'Organisation de l'unité africaine. Le Kenya, au Conseil de sécurité des Nations Unies, rappelle également à tous les principes fondateurs des Nations Unies.

Par ailleurs, des États comme l'Afrique du Sud ont marqué leur désaccord « par principe » quant à la teneur de la résolution et se sont abstenus bien que, quelques jours auparavant, l'Afrique du Sud appelât au retrait immédiat des troupes russes d'Ukraine, affirmant que le conflit devait être résolu de manière pacifique et que « le texte dans sa forme actuelle pourrait créer un fossé encore plus grand, au lieu de contribuer à une résolution du conflit[1] ». Cette position fait débat au sein même du pays[2]. Alors que le gouvernement évoque une position « par principe » (neutralité), les commentateurs y voient la marque d'un rapprochement entre les élites politiques et le régime russe. De même, l'Ouganda s'est abstenu pour « préserver [sa] neutralité », au moment où le pays vient de prendre la présidence du Mouvement des non-alignés (NAM), mais, dans le même temps, le fils du président a fait entendre son soutien à Vladimir Poutine[3]... Notons que si les Africains n'ont pas voté d'une voix qui aurait pu représenter celle du panafricanisme, des divisions internes existent également

1. Department International Relations and Cooperation, « South Africa's statement in explanation of vote on Ukraine in the UN General Assembly Emergency Special Session », 2 mars 2022.

2. Mathilde Boussion, « Ambiguïté. Guerre en Ukraine : pourquoi l'Afrique du Sud s'abstient-elle de prendre parti ? », *Courrier international*, 4 mars 2022.

3. Muhoozi Kainerugaba : « *The majority of mankind (that are non-white) support Russia's stand in Ukraine. Putin is absolutely right ! When the USSR parked nuclear armed missiles in Cuba in 1962 the West was ready to blow up the world over it. Now when NATO does the same they expect Russia to do differently ?* », *Twitter*, 28 février 2022, https://twitter.com/mkainerugaba/status/1498094460580016128?s=20&t=pSqkFg8Ggk1fyVrfYXKi9Q.

au sein des 120 États membres du Mouvement des non-alignés. Le problème du non-alignement est qu'il peut signifier l'abstention dans les conflits et qu'il revient de fait à prendre le parti des agresseurs[1].

Pour mieux comprendre les votes des pays africains, il faut étudier les relations bilatérales de chaque État avec la Russie. Cette dernière renforce depuis plusieurs années ses relations avec un ensemble de pays du continent. En 2006, Vladimir Poutine a en effet effectué une visite modeste, mais très médiatisée, sur le continent (au Maroc et en Afrique du Sud), proclamant que la Russie «revenait» en Afrique.

Des enjeux politiques et économiques liés à ce rapprochement peuvent expliquer certaines abstentions lors du vote à l'AGNU. Le Burundi s'est abstenu, mais la Russie a été l'un des seuls États à soutenir les autorités du Bujumbura quand, en 2019, elles réprimaient l'opposition[2]. Des enjeux économiques peuvent aussi interférer: des accords miniers (Angola), militaires (Mali, RCA, Soudan avec un projet de base militaire[3]) ou des importations de blé (Sénégal). Le professeur Erik Voeten a montré qu'à trois exceptions près (Rwanda, Nigéria et Égypte), les pays qui ont importé au moins 20 % de leurs armes de Russie au cours des cinq dernières années se sont rangés du côté de la Russie[4].

Si l'analyse des relations bilatérales est importante, il est hâtif de conclure que certains votes sont uniquement le fait d'une dépendance économique ou militaire avec la Russie. Ainsi, il est difficile d'avancer que le vote du Mali à l'AGNU serait uniquement lié à la situation instable qui

---

1. Rita Abrahamsen, «Africa, Ukraine, and the New Geopolitics», *CIPS Blog*, 9 mars 2022.

2. «Burundi: la Russie réaffirme son soutien à Bujumbura», RFI, 6 novembre 2019.

3. «Hemetti, senior Russian official agree to strengthen military cooperation», *Sudan Tribune*, 27 février 2022.

4. Erik Voeten, le 2 mars 2022 : https://twitter.com/ErikVoeten/status/1499151219821977600?s=20&t=NzZgz0EKSo3YpTNMA7_x1Q.

prévaut dans le pays et à son récent rapprochement militaire avec la Russie. Sa politique étrangère repose traditionnellement sur une forme de neutralité et d'équidistance entre les puissances (sauf sur certaines problématiques comme la Palestine). De même, le Sénégal s'est abstenu. Certes, la Russie est un important fournisseur de blé et de carburant, mais le président Macky Sall a également réaffirmé *« l'adhésion du Sénégal aux principes du non-alignement et du règlement pacifique des différends »* tout en rappelant son attachement au respect de l'indépendance et de la souveraineté des États[1]. Ces positionnements peuvent paraître ambigus : invoquer le non-alignement ou la neutralité peut être interprété comme une neutralité de façade de régimes offrant *de facto* leur soutien à l'action russe. À l'inverse, certains invoquent le même principe tout en rappelant l'importance des règles du droit international bafouées par cette même Russie. Ainsi, dans le cas de l'Afrique du Sud, les commentateurs s'interrogent. Son abstention est-elle déterminée par un « engagement de principe en faveur du dialogue politique » ou une politique marquée par l'ingérence russe ?

Enfin, il nous semble essentiel de ne pas suranalyser ces absentions à l'AGNU et d'y voir la preuve d'une influence « croissante » de la Chine et de la Russie à la suite d'un « recul » de l'Europe et des États-Unis. En effet, on constate que les votes africains sur la Crimée il y a huit ans sont relativement proches.

Pour comprendre ces tendances, il conviendrait donc d'étudier ces votes non pas de façon conjoncturelle, mais structurelle. Or, une foisonnante production scientifique sur les politiques de vote et le sens de l'abstention à l'AGNU s'attache à comprendre ces mécanismes depuis la guerre froide. L'une des divisions prédominantes de l'As-

---

1. « Guerre en Ukraine. Le Sénégal assume son non-alignement et tance Kiev pour son appel aux "volontaires" », *Courrier international*, 4 mars 2022.

semblée générale est celle qui existe entre les nations riches et les nations pauvres[1]. Il existe également une tendance des démocraties à soutenir, davantage que les non-démocraties, les positions américaines lors des votes importants à l'AGNU[2]. Néanmoins, et contre-intuitivement, David B. Carter et Randall W. Stone ont montré que les démocraties des pays en développement ont des électorats qui s'opposent plus aux positions américaines que les autocraties, et elles sont plus disposées que les autocraties à prendre des positions symboliques qui peuvent leur faire perdre des aides financières.

Les votes à l'AGNU doivent donc être étudiés sur une période longue et en privilégiant une approche comparatiste. Le seul vote du 2 mars ne permet pas de fournir des explications sur l'alignement des États africains sur la scène internationale. On ne peut que noter un vote avec une écrasante majorité d'une résolution qui «exige que la Russie cesse immédiatement de recourir à la force contre l'Ukraine» avec une prudence des diplomaties africaines. Les votes africains trouvent leur explication dans l'ensemble de ces facteurs. À l'exception de l'Érythrée, depuis longtemps en marge de la communauté internationale et elle-même engagée militairement sur le territoire de son voisin éthiopien, aucun pays africain ne s'est jusqu'à présent prononcé en faveur de l'intervention de la Russie, pas même le Mali et la République centrafricaine, où les forces russes aident les gouvernements à lutter contre les insurrections. Cette prudence diplomatique trouve certainement aussi ses racines dans des opinions publiques aux positions pro-Poutine affirmées.

---

1. Soo Y. Kim, Bruce Russett, «The new politics of voting alignments in the United Nations General Assembly», *International Organization*, 50 (4), 1996, p. 629-652.

2. David Carter, Randall Stone, «Democracy and Multilateralism : The Case of Vote Buying in the UN General Assembly», *International Organization*, 69 (1), 2015, p. 1-33.

Des opinions publiques plus divisées

Les opinions publiques africaines semblent manifester des positions pro-Poutine affirmées qui n'ont rien à voir avec un non-alignement ou une troisième voie. Les résultats d'une enquête menée par Afrobarometer ont montré que les perceptions populaires de la Russie et de la Chine ont positivement évolué au cours des cinq dernières années[1]. La Russie est perçue positivement par 38 % des Africains des 18 pays étudiés. Cela reflète l'engagement politique, économique et sécuritaire croissant de la Russie avec l'Afrique, mais c'est aussi le rôle des médias russes[2] dont le contenu numérique et la propagande s'infiltrent rapidement dans les espaces médiatiques francophones d'Afrique de l'Ouest[3].

Ces réactions relèvent parfois des incohérences : Vladimir Poutine devrait pouvoir décider à la place des Ukrainiens de leur positionnement et de leurs alliances, mais les mêmes populations estiment que leurs États doivent être libres de leurs choix et souverains. Or, dans son discours au Conseil de sécurité, l'ambassadeur kenyan l'a rappelé : ce sont les « petits États » qui devraient rappeler aux grandes puissances le danger de replonger dans un monde impérial[4]. L'inquiétude pour eux est de voir des dirigeants qui redessinent les cartes par la force tout en s'efforçant de créer des États ethniquement homogènes. En effet, l'inviolabilité souveraine est une condition fondamentale de leur

1. Josephine Appiah-Nyamekye Sanny et Edem Selormey, « Africans regard China's influence as significant and positive, but slipping », *Afrobarometer Dispatch*, n° 407, 17 novembre 2020.

2. Frédérick Douzet, Kévin Limonier, Selma Mihoubi *et al.*, « Cartographier la propagation des contenus russes et chinois sur le Web africain francophone », *Hérodote*, 177-178, 2020/2-3, p. 77-99.

3. Maxime Audinet, « Le lion, l'ours et les hyènes. Acteurs, pratiques et récits de l'influence informationelle russe en Afrique subsaharienne francophone », *Études de l'IRSEM*, 83, 2021.

4. Anjali Dayal, « Russia believes tanks trump international law. Smaller countries like Kenya are using the U.N. to push back », *The Washington Post*, 26 février 2022.

existence. Elle est le pilier d'un ordre mondial post-impérial qui doit persister pour que ces pays puissent survivre.

Les critiques portent également sur l'intervention en Libye en 2011 et invoquent un deux poids deux mesures dans les dénonciations, trouvant ainsi des excuses à l'invasion de l'Ukraine. La figure de l'homme fort est aussi invoquée : les commentateurs estiment que l'ambition de ressusciter un empire peut être soluble dans la demande que Poutine soit traité avec déférence.

De quoi ces incohérences sont-elles le symptôme ? Nous proposons ici une hypothèse : un ensemble de mythes politiques développés en Russie converge sur le continent africain et est partagé par une partie des opinions publiques.

Le premier mythe partagé est le « campisme ». Cette idée, issue de la guerre froide, souligne que chaque État doit choisir un camp. Un choix binaire – qu'on retrouve dans de nombreuses analyses même en Europe – entre le camp occidental, libéral et capitaliste, et le camp de ceux opposés à l'impérialisme occidental. Dans ce dernier camp, on peut retrouver (quand bien même ces régimes seraient autoritaires, favorables au capitalisme et… impérialistes) : la République islamique d'Iran (qui s'oppose à l'alliance américano-saoudo-israélienne), la Corée du Nord, la République populaire de Chine, l'Inde national-hindouiste de Modi, le Venezuela de Maduro, la Syrie d'Assad, la Biélorussie de Loukachenko et… la Russie de Vladimir Poutine ainsi qu'une grande partie des États membres du Groupe des amis pour de la Charte des Nations Unies… Malgré ces incohérences, toute compréhension du réel passe par cette grille de lecture, et tous les conflits sont lus selon cette nouvelle polarisation issue de la guerre froide. L'anti-impérialisme et l'antiaméricanisme sont centraux, les États-Unis sont considérés comme les responsables de la guerre en Ukraine du fait d'une extension de l'OTAN en Europe de l'Est[1].

---

1. Thomas Roche-Bayard, « Guerre en Ukraine : "Ce conflit prend l'Otan pour prétexte" », *La Nouvelle République*, 28 février 2022.

Le deuxième mythe est le «néosouverainisme» qui se traduit par une hostilité contre les interventions internationales perçues comme décidées par les Occidentaux et jugées illégitimes. En effet, le poids des pays occidentaux dans les institutions internationales et la composition du Conseil de sécurité des Nations Unies – où aucun pays du continent africain ne dispose d'un siège de membre permanent – expliqueraient la légalité de ces opérations, mais pas leur légitimité. Une forme d'hypocrisie occidentale est ici dénoncée. Le néosouverainisme invoque le principe d'équivalence morale : pourquoi condamner l'invasion russe alors que les Occidentaux ou l'OTAN (mentionnés comme des synonymes) auraient fait la même chose au Kosovo, en Libye, en Irak et en Afghanistan ? C'est ici le principe même de l'interventionnisme, perçu comme une ingérence, qui est contesté et vécu comme une manifestation de l'impérialisme occidental sur les questions internationales. Or, l'OTAN est intervenue au Kosovo et en Libye alors que des massacres de masse étaient en cours, et ce sans opposition de la Russie dans le cas de la Libye. De même, la guerre en Irak a profondément divisé le «camp occidental». De ce mythe découle un autre : une forme de complot occidental visant à étendre l'OTAN. C'est l'argument principal utilisé pour justifier l'agression en Ukraine, comme si l'alliance défensive que représente l'OTAN n'avait jamais cessé de vouloir provoquer la Russie.

Le troisième mythe est un sentiment d'humiliation dont aurait souffert la Russie dans les années 1990[1]. Les Occidentaux sont ainsi accusés d'avoir précipité l'effondrement de l'Union soviétique. Le même type de sentiment se retrouve dans de nombreux pays d'Afrique qui estiment perdre une partie de leur souveraineté en se soumettant aux politiques des institutions financières internationales ou en répondant aux conditionnalités politiques imposées par les

1. Olivier Schmitt, *Pourquoi Poutine est notre allié ? Anatomie d'une passion française*, Hikari, 2017.

Occidentaux dans l'attribution de leur soutien. De plus, le discours irrédentiste de Vladimir Poutine fait vibrer la corde sensible d'un continent où certains considèrent encore les frontières coloniales comme illégitimes. Martin Kamani, l'ambassadeur du Kenya aux Nations Unies, l'a rappelé lorsqu'il a fait référence dans son discours aux « frontières dont nous avons hérité » et qui « n'ont pas été tracées par nous-mêmes », mais « tracées dans les lointaines métropoles coloniales de Londres, Paris et Lisbonne, sans aucun égard pour les anciennes nations qu'elles ont séparées ». Il a rappelé que, malgré tout, la paix a été préférée à la guerre : « nous voulions quelque chose de plus grand, forgé dans la paix ».

Une nouvelle fois apparaît une lecture binaire des relations internationales avec d'un côté les agressés/dominés et de l'autre les agresseurs/impérialistes. Les dirigeants politiques mettent cyniquement en récit cette opposition de valeurs.

Ces manifestations pro-Poutine au sein de certaines opinions publiques (en Afrique, mais aussi en France) sont l'expression d'une remise en question d'un ordre international perçu comme dominé par l'Occident. Depuis plusieurs années, on voit émerger dans les discours une volonté de grandeur, la nostalgie d'un passé révolu parfois au risque de la réécriture de l'histoire. Ces nostalgies amères et revanchardes d'empires disparus se traduisent par des politiques étrangères nationalistes. Certes on pense à la Russie, l'Inde, la Chine ou la Turquie, mais on le voit également en Afrique, en Éthiopie par exemple, en quête d'une « Grande Éthiopie » historique l'ayant menée à une guerre civile tragique[1]. On observe donc une certaine empathie pour ce « désir d'empire » chez de nombreuses populations.

Les Russes, comme les Chinois avant eux, insistent sur

1. Sonia Le Gouriellec, « Éthiopie : Dynamiques de la guerre civile », *Politique étrangère*, 87 (1), printemps 2022.

l'importance de la souveraineté contrairement à un Occident qui tenterait d'imposer ses valeurs (transparence, bonne gouvernance, législation anticorruption, etc.). Un article de propagande, effacé depuis, résume bien l'idée que se font les dirigeants russes des rapports de force internationaux[1].

Depuis 1991, aucun président ukrainien ne s'est rendu en Afrique subsaharienne, et un seul président d'un pays africain s'est rendu en Ukraine. En comparaison, la Russie a mis en scène son retour sur le continent africain, notamment lors du sommet Russie-Afrique à Sotchi, en octobre 2019. Déjà, la Russie de Vladimir Poutine y développait un discours au cœur des débats ces derniers jours sur le positionnement des diplomaties et opinions publiques africaines à l'égard de l'invasion de l'Ukraine : Poutine défenseur des souverainetés face au néocolonialisme et défenseur des régimes face aux contestations venant des rues. Un discours en forme de pied de nez aux Occidentaux qui semble avoir trouvé des échos favorables malgré des contradictions inquiétantes. Depuis plusieurs années, les Africains ont le choix de leurs partenaires et ont su diversifier ces partenariats. Néanmoins, sans un agenda propre, ils deviennent l'objet des agendas des autres.

Sonia Le Gouriellec est maîtresse de conférences en science politique à l'Université catholique de Lille (faculté de droit/C3RD) et chercheure associée à la Fondation pour la recherche stratégique. Elle est l'autrice de *Djibouti : la diplomatie de géant d'un petit État* (Presses universitaires du Septentrion, 2020) et *Géopolitique de l'Afrique* (Que sais-je ?, PUF, 2022). Contact : /Twitter @MorningAfrika

1. « Brave new world of Putin : An article by the propaganda publication RIA Novosti, which was to be published after the occupation of Ukraine », *Mil In Ua*, https://mil.in.ua/en/news/brave-new-world-of-putin-an-article-by-the-propaganda-publication-ria-novosti-which-was-to-be-published-after-the-occupation-of-ukraine/28 février 2022.

4

LA RUSSIE EN UKRAINE : UN CAS D'ÉCOLE DE L'INSTRUMENTALISATION DU DROIT INTERNATIONAL

JEAN-EMMANUEL PERRIN

Article publié le 28 mars 2022 dans *Le Rubicon*[1].

La déclaration de Vladimir Poutine par laquelle ce dernier annonce reconnaître l'indépendance des républiques de Donetsk et de Lougansk constitue une étape de plus dans un processus dont de nombreux ressorts ont pu déjà être identifiés à l'occasion de l'annexion de la Crimée par la Russie en 2014. En l'espèce cependant, l'attachement que le chef de l'État russe semble porter à la justification en droit de cette nécessaire reconnaissance de l'indépendance de ces deux provinces pourrait paraître surprenant, voire grotesque, mais il n'en montre pas moins une réelle sophistication du discours et constitue, à bien des égards, un cas d'école de l'instrumentalisation du droit international à des fins politiques et militaires, mieux connu sous le terme de *lawfare.*

Ce concept, popularisé par le major général Charles Dunlap au travers de ses écrits remontant au début de ce siècle[2], expose l'idée selon laquelle le droit peut être utilisé

---

1. https://lerubicon.org/publication/la-russie-en-ukraine-un-cas-de-cole-de-lintrumentalisation-du-droit-international/.

2. Col Charles J. Dunlap, « Law and Military Interventions : Preserving Humanitarian Values in 21st Conflicts », prepared for the Humanitarian Challenges in Military Intervention Conference, Harvard University, 29 novembre 2001.

comme substitut à des moyens de guerre conventionnels pour obtenir les mêmes effets politiques et opérationnels. Bien qu'il ait été cantonné initialement au domaine du *jus in bello*, une acception plus large tend à prendre le pas sur cette définition jugée plus restrictive, et permet d'inclure, par exemple, des actions d'instrumentalisation du droit dans le cadre du *jus ad bellum*. Ce point a notamment été mis en avant par l'OTAN et plus particulièrement par son commandement stratégique des opérations[1], qui voit par cette extension une opportunité d'étendre ce concept au domaine de la guerre hybride.

Le discours juridique développé par Moscou met en évidence certaines zones de fragilité de notre ordre juridique international – à l'origine desquelles certaines nations occidentales se sont d'ailleurs parfois trouvées – sachant que les autorités russes ne manquent pas de les exploiter sans vergogne en affaiblissant au niveau mondial la valeur du discours sur le nécessaire respect du droit international.

Comment les autorités russes instrumentalisent le droit international

Dans un long discours diffusé à la télévision nationale le lundi 21 février 2022, le président russe Vladimir Poutine a donc annoncé qu'il ne pouvait faire autrement « que de reconnaître l'indépendance des républiques de Donetsk et de Lougansk ». Vladimir Poutine a notamment déclaré que « La Russie [avait] le droit de prendre toutes les décisions pour garantir sa sécurité. Le gouvernement de Kiev ne veut pas mettre en œuvre les accords de Minsk et ne privilégie aucune solution pacifiée. Ils veulent refaire dans

1. NATO, *Legal Gazette*, 41, *Legal Aspects of Innovation*, octobre 2020.

le Donbass une *Blitzkrieg* comme en 2014. Aujourd'hui nous voyons l'utilisation de drones et de lance-roquettes. On a des tirs envers les populations civiles. [Et] le soi-disant "monde civilisé", que fait- il? [...] Les Occidentaux préfèrent fermer les yeux sur le génocide en cours contre 4 millions de personnes, uniquement parce qu'elles n'ont pas accepté le coup d'État ukrainien de 2014». Le chef d'État russe conclut alors son discours en ces termes: «Le régime de Kiev est issu d'un coup d'État. Il n'y a pas d'autre issue que [le recours à] la violence dans le Donbass [et] on ne peut pas faire autrement que de reconnaître l'indépendance des républiques de Donetsk et de Lougansk».

Il est frappant de voir la manière dont le chef de l'État russe a recours au langage du droit international pour justifier ses actions. L'existence d'un acte de reconnaissance vient ici étayer la théorie de la sécession dite corrective – soit l'autodétermination en réponse à un prétendu génocide – et, ce faisant, la Russie suit de très près le *modus operandi* mis en place lors de l'annexion de la Crimée, lorsque les mêmes étapes ont précédé son occupation et son annexion par la force, avec le consentement d'un supposé État nouvellement indépendant[1]. Bien que non reconnue officiellement en droit international, la théorie de la sécession «corrective» ou sécession «remède» correspond à la situation dans laquelle «une communauté infra-étatique victime d'oppressions et de violations massives de droits de l'homme de la part de l'État englobant et qui se trouve dans l'impossibilité d'exercer son droit à l'autodétermination interne, peut recourir sous certaines conditions à la sécession comme *ultimum remedium*[2]».

1. Marko Milanovic, «Recognition», *EJIL : Talk !*, 21 février 2022.
2. Theodore Christakis, *Le droit à l'autodétermination en dehors des situations de décolonisation*, La Documentation française, coll. «Monde européen et international»,1999, p. 676.

Un droit à la sécession justifié par un prétendu génocide

La contribution récente de Marko Milanovic sur le blog Internet *EJIL : Talk !* apporte un éclairage particulièrement riche d'enseignement sur la manière dont la Russie cherche, au-delà de toute autre justification, à développer un langage juridique permettant d'appuyer ses revendications et ses actions, constitutif d'une forme aggravée d'instrumentalisation du droit international[1]. L'auteur rappelle à cet égard que la Fédération de Russie était en effet le seul membre permanent du Conseil de sécurité de l'ONU à avoir entériné une théorie de la sécession ou de l'autodétermination corrective. Sa réponse écrite sur la question soumise à la Cour internationale de Justice par l'Assemblée générale des Nations Unies dans sa résolution 63/3 (« La déclaration unilatérale d'indépendance des institutions provisoires d'administration autonome du Kosovo est-elle conforme au droit international ? »)[2], indiquait ainsi :

« [L]a Fédération de Russie est d'avis que l'objectif premier de la "clause de sauvegarde" [de la Déclaration sur les relations amicales] est de servir de garantie de l'intégrité territoriale des États. Il est également vrai que la clause peut être interprétée comme autorisant la sécession sous certaines conditions. Toutefois, ces conditions doivent être limitées à des circonstances véritablement extrêmes, telles qu'une attaque armée pure et simple de l'État parent, menaçant l'existence même des personnes en question. En dehors de ce cas, tous les efforts doivent être faits pour régler la tension entre l'État parent et la communauté ethnique concernée dans le cadre de l'État existant. »

---

1. Marko Milanovic, « What is Russia's Legal Justification for Using Force against Ukraine ? », *EJIL : Talk !*, 24 février 2022.
2. https://www.icj-cij.org/public/files/case-related/141/15629.pdf.

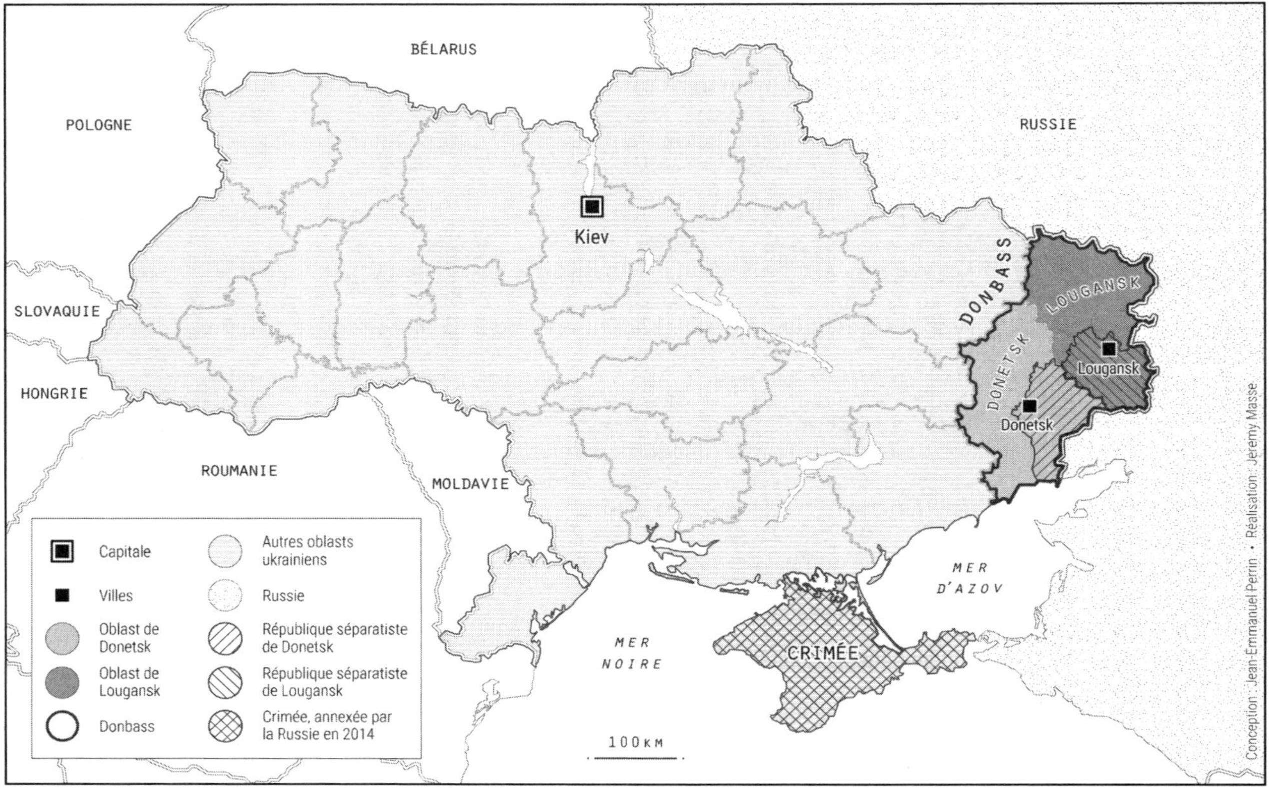
BÉLARUS
POLOGNE
RUSSIE
Kiev
SLOVAQUIE
HONGRIE
ROUMANIE
MOLDAVIE
DONBASS
LOUGANSK
DONETSK
Lougansk
Donetsk
MER D'AZOV
MER NOIRE
CRIMÉE
100 KM
Capitale
Villes
Oblast de Donetsk
Oblast de Lougansk
Donbass
Autres oblasts ukrainiens
Russie
République séparatiste de Donetsk
République séparatiste de Lougansk
Crimée, annexée par la Russie en 2014
Conception : Jean-Emmanuel Perrin • Réalisation : Jeremy Masse

La déclaration écrite ajoute par ailleurs que « en dehors du contexte colonial, le droit international n'autorise la sécession d'une partie d'un État contre la volonté de celui-ci que dans le cadre de l'autodétermination des peuples, et seulement dans des circonstances extrêmes, lorsque le peuple concerné est continuellement soumis aux formes d'oppression les plus graves qui met en danger l'existence même du peuple ».

Cette position était naturellement justifiée en raison de l'alignement géopolitique de la Serbie avec la Russie mais cet argument de droit reste néanmoins au cœur de l'argumentaire russe, pris cette fois-ci non pas du point de vue du défenseur du principe de non-intervention mais de celui de l'intervenant.

Toute la rhétorique sur le « génocide » dans le Donbass sert ainsi à remplir le prédicat factuel de cette théorie, à savoir que « l'existence même du peuple » de Donetsk et de Lougansk est menacée par l'Ukraine, l'État parent, de sorte que leur indépendance était une mesure justifiée de dernier recours. L'évocation d'un génocide renvoie par ailleurs à la responsabilité de protéger, concept qui fut débattu au début des années 2000 et qui répondait en particulier à la difficulté des États occidentaux à prendre en compte correctement les problématiques d'épuration ethnique rencontrées aussi bien au Kosovo qu'au Rwanda. Le rapport remis par la Commission internationale de l'intervention et de la souveraineté des États en décembre 2001 mentionne ainsi que « les puissances capables d'intervenir militairement ont été critiquées aussi bien lorsqu'elles ont agi (sans base légale) pour protéger des populations en danger – comme en Somalie, en Bosnie et au Kosovo – que lorsqu'elles se sont abstenues d'agir, comme au Rwanda[1] ». La Russie contribue ainsi à brouiller les lignes de l'application du droit international. Or si ce discours n'est pas de nature

1. *La Responsabilité de protéger*, rapport de la Commission internationale de l'intervention et de la souveraineté des États (CIISE), 2001.

à remettre en cause les positions occidentales sur le caractère profondément illicite de cette opération militaire spéciale, il peut néanmoins recueillir un accueil plus favorable auprès d'alliés de circonstance, non alignés, qui partagent un intérêt commun dans cette réinterprétation des règles du droit international.

Cette reconnaissance de l'indépendance de ces provinces séparatistes est aussi un excellent exemple de la façon dont le fonctionnement de règles juridiques (réelles ou supposées) peut dépendre de faits profondément contestés, et de la construction de réalités fondamentalement opposées. On ne peut en réalité trouver de meilleure illustration de la manière dont le droit international est ici instrumentalisé à des fins politiques agressives. Une telle méthode permet également de mettre en avant l'indifférence supposée des États occidentaux face à une situation de génocide ainsi que leur impuissance à régler une situation qui justifierait une intervention en vue de soutenir les peuples opprimés. Ainsi, aussi fantaisistes que puissent être certaines affirmations russes, la crédibilité des États occidentaux dans leur réponse à la violation par la Russie de la souveraineté de l'Ukraine est en partie ébranlée, en droit et en fait, par leurs propres interprétations du droit applicable lors d'opérations militaires passées, dont l'invasion de l'Irak en 2003. Pour autant, si d'aucuns sont aujourd'hui tentés de vouloir placer sur le même plan l'intervention de l'OTAN au Kosovo en 1999 et celle de la Russie en Ukraine aujourd'hui, il semble nécessaire de rappeler que, dans le premier cas, des preuves incontestables d'épuration ethnique avaient été rapportées et que la situation humanitaire au Kosovo fut au cœur d'un débat nouveau articulé autour de la notion de responsabilité de protéger.

La « passeporisation », ou comment la Russie vient au secours de ses propres ressortissants

Trois jours seulement après l'élection de Volodymyr Zelensky à la tête de l'Ukraine, le dimanche 21 avril 2019, Vladimir Poutine signait un décret permettant l'octroi de passeports russes, à travers une procédure simplifiée, aux habitants des entités séparatistes de l'Est ukrainien. Selon ce texte[1], les habitants résidant dans les républiques populaires de Donetsk et de Lougansk pouvaient se voir reconnaître la nationalité russe grâce à une procédure accélérée quand bien même ces derniers ne rempliraient pas les critères habituellement requis, tels qu'une preuve de résidence de plus de cinq ans sur le territoire russe ou l'obligation de renoncer à sa nationalité d'origine.

Cette pratique rappelle avec acuité la distribution de passeports russes aux citoyens de Crimée peu de temps après son annexion, qui participait d'une même démarche. Le quotidien économique russe *Vedomosti* établissait déjà en 2019 une inquiétante analogie avec l'évolution du conflit géorgien: «Au début des années 2000, la Russie avait délivré des passeports en série aux habitants d'Abkhazie et d'Ossétie du Sud. Et en août 2008, le président russe de l'époque, Dmitri Medvedev, avait justifié le début de la guerre en Géorgie par la nécessité de protéger la population du pays. Ses propos d'alors – "la Russie n'hésitera jamais à protéger ses citoyens" – résonnent aujourd'hui comme une menace.» Le fait qu'un nombre significatif de ces passeports aient été distribués permet, le cas échéant, aux autorités russes de faire valoir leur droit, reconnu pour tout État en droit coutumier international, d'intervenir dans le but de protéger ses propres ressortissants, d'autant plus si ceux-ci se trouvaient être victimes d'une épuration ethnique prenant la forme d'un génocide. Si une telle inter-

1. Benoît Vitkine, «Moscou distribue des passeports russes aux habitants des régions rebelles du Donbass», *Le Monde*, 24 avril 2019.

vention ne saurait jamais justifier l'emploi de la force armée, certains ne manqueraient pas d'opposer, en forme de contradiction, le souvenir de l'opération d'évacuation de ressortissants menée par l'État d'Israël à Entebbe en 1976, et qui fut conduite comme une véritable opération de guerre.

Une opération (très spéciale) de maintien de la paix encadrée par des traités d'amitié

La légitimation «juridique» de la reconnaissance de l'indépendance de ces provinces séparatistes se poursuit par l'invocation d'une opération de maintien de la paix par l'armée russe. Une telle qualification renvoie au vocable onusien de maintien de la paix par lequel les Nations Unies «assurent la sécurité et apportent le soutien politique nécessaire à la consolidation de la paix en aidant les pays à passer l'étape difficile de la transition vers la paix[1]». Les opérations polyvalentes de maintien de la paix sont ainsi «appelées à maintenir la paix et la sécurité, mais aussi à faciliter le processus politique, à protéger les civils, à aider au désarmement, à la démobilisation et à la réintégration des anciens combattants, à faciliter l'organisation d'élections libres, à protéger et à promouvoir les droits de l'homme et à aider à rétablir l'état de droit[2]».

L'habillage juridique ne serait pas complet sans la mention de la signature de traités d'amitié et de soutien avec les représentants des deux républiques concernées. Ce faisant, la Russie suit de très près le plan d'action qu'elle avait mis en œuvre en suivant les mêmes étapes qui précédèrent son occupation et son annexion forcée de

1. https://peacekeeping.un.org/fr/what-is-peacekeeping.
2. *Ibid.*

la Crimée, avec le consentement d'un supposé État nouvellement indépendant. Elle accrédite la thèse de l'existence d'États indépendants, affranchis de la tutelle ukrainienne en application du droit des peuples à s'autodéterminer et en conférant à ces derniers une personnalité juridique pleine et entière, actée par leur capacité à signer un traité international.

À la recherche d'un nouvel ordre international ?

La Fédération de Russie et, à sa tête, Vladimir Poutine, semblent déployer des efforts considérables pour revêtir l'annexion de fait des provinces de Lougansk et de Donetsk des apparaux d'une possible licéité internationale. Les arguments juridiques mis en avant par les autorités russes, qu'il s'agisse de la référence au génocide, à la protection de ses ressortissants, à la signature de traités internationaux ou à la mise en œuvre d'une opération de maintien de la paix, ne remettent nullement en cause la qualification que nous impose une application de bonne foi du droit international : celle de l'incursion armée, si ce n'est de l'agression armée, par une armée étrangère, sur le territoire d'un État souverain et en l'absence de son consentement.

Néanmoins, la tendance à faire du mimétisme pourrait en effet être de nature à embarrasser les nations occidentales, d'autant que ces dernières n'ont pas toujours fait preuve d'exemplarité dans l'application des règles du droit international et qu'elles ont montré qu'elles étaient, elles aussi, capables d'en faire des interprétations très extensives. Cet habillage juridique de la réalité de l'annexion par la Russie des provinces de Lougansk et de Donetsk ne doit toutefois pas masquer la gravité des faits et ne saurait empêcher les États membres de l'Union européenne, ou les États-Unis et le Royaume-Uni, de manifester leur volonté de sanctionner la Russie pour la violation de la souveraineté et de l'intégrité territoriale de l'Ukraine.

Conclusion

La question du rôle que pourra jouer le droit international dans la résolution de la crise actuelle reste posée, et l'on peut former le vœu que la maltraitance dont ce dernier fait actuellement l'objet ne fera pas de lui une des victimes collatérales de la violence d'État dont la Russie fait preuve dans sa stratégie d'influence actuelle. Car, si le droit international sort affaibli de cette crise, sur quels fondements communs, quelles règles et quelles valeurs communes les États parties à cette crise pourront-ils trouver un terrain d'entente ?

Il semble probable que la sape des moyens diplomatiques de résolution de la crise, par le minage des fondements de droit sur lesquels tente malgré tout d'exister aujourd'hui la communauté internationale des États, et la perpétuation d'un état de crise permanent, puisse constituer un des objectifs de la diplomatie d'influence russe dans le monde qui semble désormais s'épanouir, à l'image d'autres États plus à l'est encore, dans cette nouvelle zone grise du droit. La paralysie actuelle du Conseil de sécurité des Nations Unies offre ainsi une opportunité inégalée pour la Russie et la Chine de proposer à terme à de nombreux pays non alignés, l'adoption d'un ordre mondial refondé à la tête duquel se trouveraient ces deux puissances à vocation universelle. Ce n'est ni plus ni moins ce que propose la déclaration conjointe adoptée par la Russie et la Chine le 4 février 2022, soit vingt jours à peine avant l'invasion russe en Ukraine ; celle-ci précisait notamment que « les Parties s'opposent au retour des relations internationales à l'état d'affrontement entre grandes puissances, quand les faibles deviennent la proie des forts. Les parties ont l'intention de résister aux tentatives de substitution des formats et des mécanismes universellement reconnus qui sont compatibles avec le droit international par des règles élaborées en privé par certaines nations ou blocs de nations, et sont contre le fait de traiter les problèmes internationaux indirectement et sans consensus, s'opposent à la politique de puissance, à l'intimidation, aux sanctions unilatérales et à l'extraterritorialité de l'application de la juridiction, ainsi qu'à l'abus des politiques de contrôle des exportations[1] ».

Jean-Emmanuel Perrin est commissaire des armées (CRC1). Il exerce actuellement les fonctions de directeur adjoint du département militaire de l'Institut international de droit humanitaire à San Remo (@IIHL_Sanremo), en Italie. Il s'est spécialisé au cours de sa carrière dans les domaines du conseil juridique opérationnel et de l'action de l'État en mer, alternant postes opérationnels et fonctions en état-major et organismes centraux du ministère des Armées. Diplômé de l'IEP de Paris, breveté de l'École de guerre et titulaire d'un Master 2 en droit international et européen obtenu auprès de l'Université de Nice Côte d'Azur, il est actuellement engagé dans la préparation d'une thèse de doctorat en droit portant sur l'instrumentalisation et l'arsenalisation du droit à des fins politiques, économiques et militaires et ses conséquences sur l'ordre juridique international. L'auteur s'exprime ici en son nom personnel et ses vues ne reflètent pas nécessairement celles du ministère des Armées.

1. http://en.kremlin.ru/supplement/5770.

5

AGRESSION DE L'UKRAINE ET EXIL DE GUERRE : L'EUROPE, TOUTE L'EUROPE, RIEN QUE L'EUROPE ?

JULIAN FERNANDEZ, THIBAUT FLEURY GRAFF
et ALEXIS MARIE

Article publié le 10 mars 2022 dans *Le Rubicon*[1],
mis à jour le 23 mars 2022.

Il est des corrélations dans les relations internationales qui valent parfois causalité. Toute hausse de la conflictualité dans une situation de crise accroît logiquement les déplacements internes et les migrations vers des territoires où la vie et la liberté seraient moins menacées[2]. Chacun cherche la sécurité pour les siens. *Sauve qui veut et qui peut !* Et ce sont souvent les États à proximité immédiate des zones de guerre qui doivent faire face à cet afflux soudain de populations en besoin de protection[3]. La France et l'Europe en savent quelque chose. On se souvient qu'en 1939, par exemple, la République avait vu l'arrivée en quelques semaines d'un demi-million d'hommes et de femmes à la suite de la chute de Barcelone devant l'avancée franquiste (la *retirada*[4]). Le continent, plus largement, s'est en réalité construit au fil de conflits armés et des

1. https://lerubicon.org/publication/ukraine-exil-de-guerre/.
2. OIM, *World migration report*, 2022.
3. « Réfugiés : toujours plus de personnes fuient la guerre et les persécutions », *Les Échos*, 20 juin 2017.
4. G. Dreyfus-Armand, *L'exil des républicains espagnols en France*, Albin Michel, 1999.

importants mouvements migratoires observés en son sein[1] – en particulier depuis l'époque moderne. Et l'institutionnalisation de la question des réfugiés en droit international – des premiers instruments jusqu'à la création de l'Agence des Nations Unies pour les réfugiés et la conclusion de la convention de Genève de 1951[2] – doit beaucoup au choc des deux guerres mondiales et à leur cortège de persécutés chassés de leur terre.

Mais l'Europe a parfois oublié ce qu'elle devait aux réfugiés de guerre et les valeurs et obligations qui sont les siennes en la matière. Si l'Union a bien construit un régime d'asile européen commun depuis 1999, celui-ci est vite apparu délaissé ou dépassé en pratique – et son besoin de réforme, sinon de redéfinition, évident. On se rappelle ainsi qu'en 2015, en lien avec les évolutions de la guerre en Syrie, la prétendue « crise des réfugiés[3] » fut surtout une crise de la coopération des États membres en la matière et le catalyseur de dissensions européennes que le mécanisme de relocalisation alors adopté ne put, faute de volonté politique suffisante, résoudre. À nouveau, à l'automne dernier, c'est avec une parcimonie inversement proportionnelle à leurs autosatisfecits que certains États membres ont permis à quelques dizaines de milliers d'Afghans bien choisis d'accéder à leur territoire[4]. Bref, l'Europe tendait surtout à voir les exilés de guerre comme autant de menaces à la concorde interne de ses membres sinon à leur sécurité *stricto sensu*. Le fait que la Biélorussie, consciente du *hiatus* européen entre texte et pratique,

---

1. O. Forcade et P. Nivet, *Les réfugiés en Europe du xvie au xxe siècle*, Paris, Nouveau Monde, 2008.

2. Convention relative au statut des réfugiés, signée à Genève le 28 juillet 1951.

3. M. Vaudano, « Comprendre la crise des migrants en Europe en cartes, graphiques et vidéos », *Le Monde*, « Les Décodeurs », 3 septembre 2015.

4. Y. Johansson, « The efforts by Member States to help Afghans in need shows #MigrationEU in action », blogpost, site de la Commision européenne, 13 décembre 2021.

affrète des avions pour acheminer des Irakiens, Yéménites et Syriens vers Minsk avant de les rediriger vers l'Union européenne – dans une nouvelle illustration de l'utilisation stratégique de la migration – n'a sans doute pas aidé à changer cette perception[1].

L'activation inédite du mécanisme de protection temporaire

Il aura fallu qu'un conflit de grande ampleur éclate aux portes de l'Europe politique pour que les États membres prennent conscience des enjeux. L'exil de guerre des Ukrainiens depuis 2014, lié à l'occupation de la Crimée et à la guerre dans le Donbass, n'avait pourtant pas ému outre mesure et le taux de protection accordée aux demandeurs d'asile s'était révélé *in fine* assez faible. Face à la situation actuelle, en revanche, la Commission sort le grand jeu et ressuscite un instrument du régime commun qu'elle s'apprêtait pourtant à enterrer[2], et qui avait été écarté pour les réfugiés tunisiens, libyens, syriens ou encore afghans – alors que les conditions pouvaient sembler réunies pour son activation[3]. Il y a là un «double standard[4]» européen dans l'accueil des exilés de guerre qui interroge. Mais c'est décidément une caractéristique de ce conflit que de rappeler à la mémoire des États des instruments nés de la guerre et conçu pour elle. Alors qu'à New York, c'est la résolution 377 (V) qui a refait surface, permettant à l'Assemblée

---

1. K.M. Greenhill, *Weapons of Mass Migration Policy: Forced Displacement, Coercion, and Foreign Policy*, Cornell University Press, 2010.

2. Commission européenne, *Communication de la Commission au Parlement européen, au Conseil, au Comité économique et social européen et au Comité des régions sur un nouveau pacte sur la migration et l'asile*, COM (2020) 609 final, 23 septembre 2020.

3. M. Ineli-Ciger, *Temporary Protection in Law and Practice*, Brill, 2018.

4. M. Ineli-Ciger, «5 Reasons Why: Understanding the reasons behind the activation of the Temporary Protection Directive in 2022», *Droit et politique de l'immigration et de l'asile de l'UE* (site Internet), 7 mars 2022.

générale des Nations Unies de condamner l'agression[1] russe, à Bruxelles, c'est la directive 2001/55/CE « relative à des normes minimales pour l'octroi d'une protection temporaire en cas d'afflux massif de personnes déplacées » qui, vingt ans après son adoption, trouve un contexte favorable à son application[2]. Il faut dire que les hésitations passées – pour dire le moins – ont aussi une autre raison : d'ordinaire les conflits sont loin. Or l'Union européenne se retrouve aujourd'hui dans la situation de ces États – africains ou moyen-orientaux pour la plupart – qui, voisins des conflits, accueillent la majorité des exilés de la guerre de par le monde. Dans ces conditions, et sur proposition de la Commission, le Conseil de l'Union européenne a donc décidé, le 4 mars dernier, de faire jouer le mécanisme de la *protection temporaire* dans une décision d'exécution sans précédent et adoptée à l'unanimité[3].

De quoi s'agit-il ?

Proposée à l'initiative de l'Allemagne, alors en première ligne face aux déplacements provoqués par le conflit dans les Balkans au cours des années 1990, la directive permettant de mettre en œuvre la protection temporaire a été expressément conçue pour réagir aux « afflux massifs », créer les conditions d'une solidarité entre États membres, et permettre une protection rapide des exilés. Elle est cen-

1. AGNU, Rés. A/ES-11/L.1, 1er mars 2022, « Agression contre l'Ukraine ».

2. Conseil de l'UE, Directive 2001/55/CE du Conseil du 20 juillet 2001 relative à des normes minimales pour l'octroi d'une protection temporaire en cas d'afflux massif de personnes déplacées et à des mesures tendant à assurer un équilibre entre les efforts consentis par les États membres pour accueillir ces personnes et supporter les conséquences de cet accueil, *JOUE*, L 212, 7 juillet 2001, p. 0012-0023.

3. Conseil de l'UE, Décision d'exécution (UE) 2022/382 du 4 mars 2022 constatant l'existence d'un afflux massif de personnes déplacées en provenance d'Ukraine, au sens de l'article 5 de la directive 2001/55/CE, et ayant pour effet d'introduire une protection temporaire, *JOUE*, L. 71/1, 4 mars 2022.

sée permettre de répondre immédiatement au besoin de protection des masses chassées par la guerre (les formalités étant réduites au minimum), de protéger les autorités traditionnelles de l'asile des risques de submersion des demandes de protection, et d'éviter la fragmentation des réponses apportées par les États membres à ces situations. En l'espèce, le Conseil de l'UE reconnaît dans sa décision que des « parties considérables du territoire ukrainien constituent désormais des zones de conflit armé d'où des milliers de personnes ont fui ou sont en fuite » et qu'en à peine une semaine de conflit, plus de 650 000 personnes déplacées étaient arrivées dans l'Union en provenance d'Ukraine en passant par la Pologne, la Slovaquie, la Hongrie et la Roumanie (plus de 2 millions aujourd'hui[1]). Le Conseil reprend alors les données du Haut-Commissaire des Nations Unies pour les réfugiés (HCR) et estime que, « dans le scénario le plus pessimiste », jusqu'à 4 millions de personnes pourraient fuir l'Ukraine. L'« afflux massif » est donc caractérisé et le mécanisme peut être déclenché.

Contenu de la protection

En quoi consiste alors cette *protection temporaire*? Elle vise à offrir, à certains groupes pré-identifiés de personnes, un statut spécifique permettant d'être en situation régulière et de jouir de droits harmonisés offrant un niveau de protection minimal au sein d'un État membre de l'Union – sauf au Danemark qui n'est pas lié par ce mécanisme mais qui semble toutefois vouloir offrir une protection équivalente aux réfugiés ukrainiens[2]. Ce statut se situe en quelque sorte à mi-chemin entre celui des demandeurs d'asile et celui des protégés sur les fondements ordinaires de l'obtention de l'asile au sein de l'Union européenne

1. ONU Info, « Ukraine : plus de 2 millions de personnes ont fui le pays à cause des combats, selon le HCR », 8 mars 2022.

2. J.P. Stroobants, « Avec les réfugiés ukrainiens, les Européens retrouvent le sens de l'accueil », *Le Monde*, 4 mars 2022.

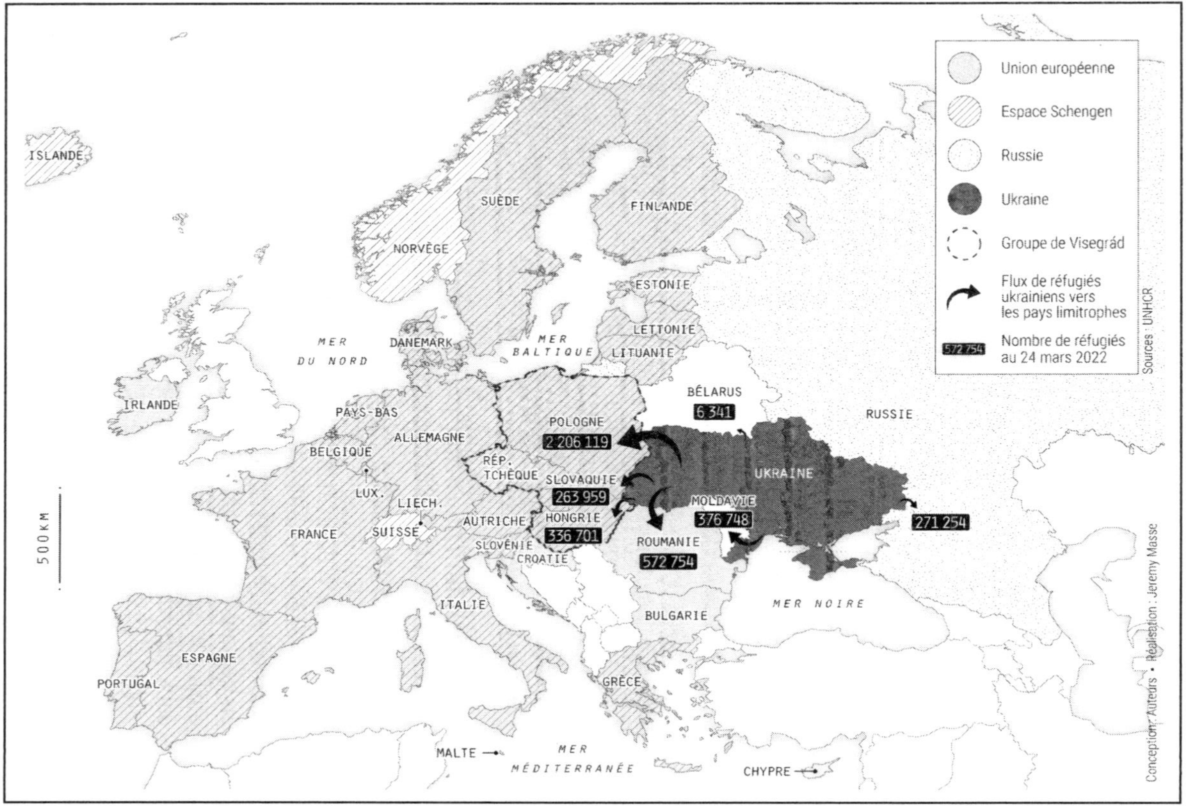

Union européenne
Espace Schengen
Russie
Ukraine
Groupe de Visegrád
Flux de réfugiés ukrainiens vers les pays limitrophes
572 754
Nombre de réfugiés au 24 mars 2022
Sources : UNHCR
ISLANDE
NORVÈGE
SUÈDE
FINLANDE
ESTONIE
LETTONIE
LITUANIE
MER BALTIQUE
MER DU NORD
DANEMARK
IRLANDE
PAYS-BAS
BELGIQUE
LUX.
ALLEMAGNE
FRANCE
SUISSE
LIECH.
AUTRICHE
RÉP. TCHÈQUE
POLOGNE
2 206 119
SLOVAQUIE
263 959
HONGRIE
336 701
SLOVÉNIE
CROATIE
BÉLARUS
6 341
UKRAINE
MOLDAVIE
376 748
ROUMANIE
572 754
RUSSIE
271 254
BULGARIE
MER NOIRE
ITALIE
ESPAGNE
PORTUGAL
GRÈCE
MALTE
MER MÉDITERRANÉE
CHYPRE
500 KM
Conception : Auteurs • Réalisation : Jeremy Masse

(réfugié au sens de la convention de Genève de 1951 et bénéficiaire de la protection subsidiaire) : la Commission évoque à cet égard et très explicitement un « asile exceptionnel ». Le protégé aura en particulier accès à un document provisoire de séjour et, selon les cas et sous certaines conditions, à un hébergement ou à une aide financière pour en trouver un, à l'allocation pour demandeurs d'asile, au marché du travail, à une aide sociale, aux soins médicaux et à l'éducation. Temporaire, cette protection est prévue pour durer un an, susceptible d'être prorogée « automatiquement » pour deux périodes de six mois. La Commission, qui assurera un suivi et un réexamen constants de la situation, peut néanmoins proposer au Conseil de mettre fin à la protection si la situation en Ukraine permet un retour sûr et durable des personnes en ayant bénéficié.

Un champ d'application laissé à l'appréciation des États membres

La générosité ainsi affichée se mesure à l'étendue des personnes susceptibles d'en bénéficier. En l'espèce, la décision de mise en application de la *protection temporaire* précise, en son article 2, que plusieurs catégories de personnes y sont éligibles pour autant qu'elles aient fui l'Ukraine à compter du 24 février dernier. Une leçon générale : plus le lien entre la personne et l'Ukraine apparaît ténu, moins les États membres ont d'obligations de protection à son égard. Précisément, en relèvent d'abord de plein droit « les ressortissants ukrainiens résidant en Ukraine », les apatrides et les bénéficiaires d'une « protection internationale ou d'une protection nationale équivalente en Ukraine » et, enfin, les membres de la famille de ces deux groupes. Pour les ressortissants non ukrainiens ou les étrangers non protégés au titre de l'asile, la protection temporaire s'appliquera uniquement s'ils ne sont pas en mesure de rentrer dans des conditions sûres et durables dans leur pays ou région d'origine. La décision distingue alors à titre principal ceux qui bénéficiaient à la date critique d'un titre de séjour permanent valide et les « autres personnes » y compris les apatrides et ressortissants étrangers en séjour régulier. S'agissant des premiers, les États membres disposent du choix de leur accorder la protection temporaire (option retenue par la France dans une instruction du 5 mars 2022[1] adressée aux préfets) ou « une protection adéquate en vertu de leur droit national ». Les seconds – sont ici visés principalement les étudiants ou les travailleurs étrangers autorisés à séjourner en Ukraine pour une courte période – peuvent en revanche être privés de toute protection si les États décident, à l'instar des autorités françaises, de ne pas les faire profiter de ce mécanisme européen.

Si le bénéfice de la protection temporaire est ainsi aléatoire pour une grande partie des non-Ukrainiens, encore faut-il qu'ils puissent être en mesure de la solliciter. En matière d'asile – quel qu'il soit – l'obstacle principal reste en effet l'accès au territoire de l'État de protection. En l'occurrence, les ressortissants ukrainiens étaient déjà exemptés de visa depuis 2017 à condition de bénéficier d'un passeport biométrique[2]. Pour les autres, il n'y a certes pas ici de mer à traverser, mais il n'en reste pas moins que les États membres gardiens de la frontière orientale de l'Union européenne savent se montrer zélés – on se souviendra ainsi qu'à l'automne dernier, douze États membres ont réclamé une aide financière de l'Union pour construire

1. Instruction relative à la mise en œuvre de la décision du Conseil de l'Union européenne du 5 mars 2022 prise en application de l'article 5 de la directive 2001/55/CE du Conseil du 20 juillet 2001, NOR : INTV2209095J.

2. Conseil de l'UE, « Visas : le Conseil adopte un règlement sur l'exemption de visas pour les ressortissants ukrainiens », communiqué de presse, 11 mai 2017.

un mur aux frontières extérieures de celle-ci[1]. Eu égard à la situation en Ukraine, la Commission a adopté des lignes directrices sur la simplification du contrôle aux frontières et la bienveillance à avoir à l'égard des personnes ne disposant pas des documents nécessaires et valides[2]. À ce titre – et ce n'est pas le moindre des paradoxes dans cette affaire – l'Agence européenne de gardes-frontières et de gardes-côte (Frontex), l'Agence de l'Union européenne pour l'asile (AUEA) et l'Agence de l'Union européenne pour la coopération des services répressifs (Europol) pourront apporter un soutien opérationnel aux États membres qui les sollicitent y compris pour mettre en application la décision. Il n'est toutefois pas certain que lesdites recommandations soient appliquées de manière uniforme à tous ceux et celles qui fuient pourtant la même violence et qu'elles soient aptes à mettre fin aux pratiques discriminatoires déjà recensées[3]. Dans une position récemment adoptée[4], le HCR appelle en ce sens tous les pays à permettre aux civils de toutes nationalités fuyant l'Ukraine d'accéder à leur territoire sans discrimination et à garantir le respect du principe de non-refoulement[5] – soit l'interdiction d'éloigner de quelque manière que ce soit un réfugié sur les frontières des territoires où sa vie ou sa liberté serait menacée en raison de sa race, de sa religion, de sa nationalité, de son appartenance à un certain groupe social ou de ses opinions politiques.

---

1. A. Brzozowski, « Protection des frontières : douze États membres appellent au financement de barrières physiques », *Euractiv,* 8 octobre 2021.

2. Communication de la Commission européenne fournissant des orientations opérationnelles pour la gestion des frontières extérieures afin de faciliter le franchissement aux frontières UE-Ukraine, 2022/C 104 I/01, *JOUE*, 4 mars 2022, CI 104/1.

3. C. Kane et J.B. Chastand, « Guerre en Ukraine : le difficile exode des étudiants africains », *Le Monde*, 1er mars 2022.

4. UNHCR, *Position on returns to Ukraine*, mars 2022.

5. UNHCR, *Note sur le non-refoulement*, EC/SCP/2, 23 août 1977.

Une solidarité à l'égard de l'Ukraine affirmée, une solidarité mutuelle négligée ?

Il est à craindre que la solidarité européenne ne s'exprime qu'à l'égard de l'Ukraine et de son peuple, et que cette première activation de la protection temporaire peine à incarner la solidarité que se doivent mutuellement les États membres dans la gestion des afflux massifs.

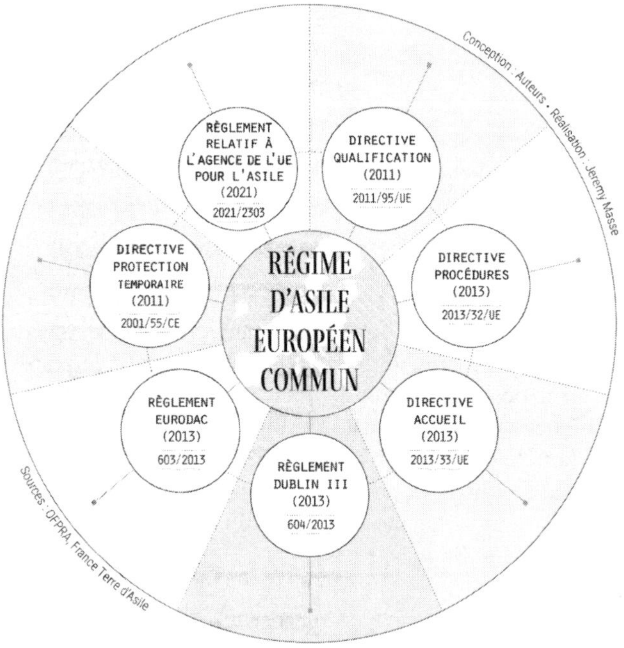

Les exilés de cette guerre ont en effet le choix de l'État de protection ! Là où l'ensemble du régime d'asile européen commun est fondé sur une lutte contre les déplacements secondaires des demandeurs d'asile au sein de l'espace Schengen (*Asylum shopping*), le Conseil estime ici que les ressortissants ukrainiens peuvent mettre à profit le droit de circulation au sein de l'espace Schengen pendant 90 jours pour « choisir l'État membre dans lequel ils souhaitent bénéficier des droits attachés à la *protection temporaire* et rejoindre la famille et leurs amis au sein des vastes réseaux de diaspora qui existent actuellement dans l'ensemble de l'Union ». C'est même ce choix des ressortissants ukrainiens – rien n'est prévu pour les autres bénéficiaires potentiels – qui est censé faciliter « l'équilibre des efforts entre États membres, réduisant ainsi la pression sur les systèmes nationaux d'accueil ». Plus encore, ce n'est qu'à l'égard de l'État qui a délivré le titre de séjour en application de la décision que son bénéficiaire pourra se prévaloir des droits découlant de la protection temporaire. En somme, et quand bien même les États sont convenus par une déclaration (dont le caractère obligatoire peut par ailleurs être interrogé[1]) de ne pas renvoyer les bénéficiaires vers l'État qui lui a accordé sa protection, ceux-ci n'ont aucun droit à ce qu'elle soit transférée d'un État membre à un autre. Contrairement à l'esprit initial du régime, et à ce que la directive ici mise en œuvre demande, un système de répartition des bénéficiaires entre les différents États membres n'est pas prévu à ce stade ; tout juste est-il envisagé une coopération coordonnée par la Commission dans le cadre récent du réseau de préparation et de gestion de crise en matière de migration[2]. Gageons que les États membres n'ont pas encore pu, dans l'urgence, s'accorder sur les capacités d'accueil de chacun. Il n'est toutefois pas certain que cette indétermination n'engendre pas quelques tensions au regard de la concentration actuelle des migrants en provenance d'Ukraine dans les États d'Europe de l'Est – dont ceux du

---

1. S. Peers, « Temporary Protection for Ukrainiens in the EU ? Q and A », *EU Law Analysis*, 27 février 2022.

2. Recommandation (UE) 2020/1366 de la Commission du 23 septembre 2020 relative à un « mécanisme de l'Union européenne de préparation et de gestion de crise en matière de migration » (*JOUE*, L. 317, 1er octobre 2020).

Groupe de Visegrad[1] historiquement très hostiles à l'accueil de demandeurs de protection[2]. C'est en tout cas déjà le cas entre des États pourtant bien moins touchés[3].

Articulation entre l'asile exceptionnel et temporaire et l'asile de droit commun

Une fois la sidération passée, la difficulté ne manquera pas de se présenter ou de s'intensifier. En effet, entre deux guets et pour heureuse qu'elle soit, l'application de cette *protection temporaire* ne doit pas faire oublier que celles et ceux qu'elle concerne peuvent être des réfugiés au sens – le vrai – de la convention de Genève et bénéficier alors d'un asile plus pérenne mais surtout plus solide. Il faut en effet rappeler que la *protection temporaire* est par essence un instrument de régulation des demandes d'asile. Elle permet de ne pas faire peser ces demandes de protection sur les autorités de droit commun de l'asile mais elle ne vient en aucun cas se substituer à la protection permise par la convention de 1951, voire, même si le texte de la directive 2001/55 n'est pas parfaitement clair sur ce point, par le droit européen lui-même, dont la « Directive Qualification[4] » prévoit une protection dite « subsidiaire » pour les civils fuyant, précisément, un conflit armé. Le bénéficiaire de la *protection temporaire* conserve ainsi la possibilité de faire une demande d'asile. Or, le Conseil de l'UE le rappelle dans sa décision : l'expé-

---

1. « Accord sur les migrations : le front anti-migrants de Visegrad chante victoire », *Le Point,* 29 juin 2018.

2. Voir par exemple J.-B. Chastand, « Submergée par les réfugiés ukrainiens, la République tchèque ne veut pas entendre parler de «quotas» européens », *Le Monde,* 21 mars 2022.

3. « Accueil des réfugiés ukrainiens : la France dénonce le "manque d'humanité" de Londres », *La Dépêche*, 6 mars 2022.

4. Directive 2011/95/UE du Parlement européen et du Conseil du 13 décembre 2011 concernant les normes relatives aux conditions que doivent remplir les ressortissants des pays tiers ou les apatrides pour pouvoir bénéficier d'une protection internationale, à un statut uniforme pour les réfugiés ou les personnes pouvant bénéficier de la protection subsidiaire, et au contenu de cette protection, *JOUE*, L 337/9, 20 décembre 2011.

rience tirée de la guerre dans l'est de l'Ukraine depuis 2014 montre que la moitié des Ukrainiens parvenus dans l'Union ont demandé une telle protection internationale. Ce sont ainsi, parmi les bénéficiaires de la protection temporaire, autant de demandeurs d'asile et de personnes éligibles à l'asile en puissance. Or, d'une part, le mécanisme «Dublin» répartissant la responsabilité du traitement des demandes d'asile entre États membres s'applique à ceux qui déposeront une demande d'asile et, d'autre part, ces demandeurs d'asile – qui continuent de bénéficier de ce statut temporaire en l'attente de la décision des autorités de l'asile et qui le restent en cas de rejet – se verront accorder un titre de séjour plus pérenne et des droits renforcés en cas de décision positive par leur État de protection.

Dans l'immédiat, en France c'est, selon les dispositions pertinentes du Code de l'entrée et du séjour des étrangers et du droit d'asile (CESEDA), aux préfets de département que revient la charge de remettre à toute personne de plus de 18 ans une autorisation provisoire de séjour valable six mois portant la mention «bénéficiaire de la protection temporaire[1]». C'est donc l'autorité préfectorale qui est chargée d'un travail «d'éligibilité». Celui-ci est certes simplifié. D'une part en effet, il fait l'économie de l'appréciation de l'existence de craintes en cas de retour – pour les Ukrainiens tout du moins. D'autre part, il n'impose pas, contrairement aux fondements ordinaires de l'asile, d'identifier des déserteurs – hypothèse qu'on ne saurait exclure en raison de la mobilisation décrétée[2] – ou d'isoler les civils des combattants – distinction difficile lorsque les premiers prennent les armes pour repousser une invasion[3]. Débarrassée de ces

1. Code de l'entrée et du séjour des étrangers et du droit d'asile, art. L.581-1 à L.581-10.

2. «Guerre en Ukraine: le président Volodymyr Zelensky décrète la mobilisation générale dans tout le pays, laissé seul face à la Russie», France Info, 25 février 2022.

3. E. Crawford, «Armed Ukrainian Citizens: Direct Participation in Hostilities, Levée en masse, or Something Else? », *EJIL: Talk!*, 1er mars 2022.

aspects, l'éligibilité peut malgré tout susciter quelques difficultés dans l'identification de l'appartenance aux diverses catégories identifiées. Le préambule de la décision anticipe déjà le fait que «les personnes souhaitant bénéficier de la protection devraient être en mesure de prouver qu'elles remplissent ces critères d'éligibilité en présentant les documents pertinents aux autorités compétentes». En cas de difficulté, les préfets ont à ce titre instruction de solliciter le ministère de l'Intérieur et de ne délivrer qu'une autorisation de séjour d'un mois. C'est par ailleurs également à ceux-ci d'estimer, lors de ce rendez-vous, s'il y a lieu d'exclure de cette protection les personnes pour lesquelles «il existe des indices graves ou concordants rendant vraisemblable qu'[elle] ait pu commettre» l'un des motifs d'exclusion[1] emprunté à la convention de Genève de 1951 relative au statut des réfugiés (crime contre la paix, de guerre, contre l'humanité, crime grave de droit commun, agissements contraires aux buts et aux principes des Nations Unies), d'une part, ou dont la «présence en France constitue une menace pour l'ordre public, la sécurité publique ou la sûreté de l'État», d'autre part. Car dans ces hypothèses, point de *protection temporaire*. Il n'est à ce titre pas nécessaire d'être familier avec le quotidien des autorités de l'asile pour mesurer la précaution avec laquelle ces notions doivent être maniées et souligner qu'une telle expertise peut manquer à l'agent préfectoral pressé. Et comment concilier concrètement cette exigence avec l'immédiateté recherchée de la *protection temporaire*? *Quid* aussi des personnes parvenues au sein de l'Union avant le 24 février dernier qui n'ont pas sollicité de protection, qui sont en cours de procédure, ou qui ont vu leur demande rejetée par les autorités de l'asile? La maigre souplesse d'appréciation laissée par la décision aux mains des États membres pour les personnes présentes (pour étude ou travail) sur leur territoire «un peu avant» cette date est loin

1. UNHCR, *Note sur les clauses d'exclusion*, EC/47/SC/CRP.29, 30 mai 1997.

de purger toutes les difficultés. La situation actuelle semble en toute hypothèse commander un réexamen des demandes qui tienne compte, comme l'indique le HCR dans sa position, du changement fondamental de circonstances en Ukraine.

Ces rapports entre un asile temporaire et exceptionnel et l'asile de droit commun questionnent aussi les conditions d'accueil qui seront réservées aux bénéficiaires. Ainsi reste-t-il notamment à s'assurer que les conditions matérielles d'accueil disponibles dans les États membres de l'Union soient rapidement rehaussées et répondent à la demande d'accompagnement des exilés de guerre ici protégés. Or, ce système se révèle dans beaucoup d'États membres, France y compris, à bout de souffle, éprouvé par un manque criant de ressources[1]. Il ne faudrait pas de ce fait que l'accueil des « protégés temporaires » se fasse au détriment de celui qui est dû aux autres réfugiés. On observe pourtant déjà des initiatives, comme la gratuité des transports pour les seuls Ukrainiens, qui ne manquent pas d'interroger[2]. Pour le reste, il faut espérer que les multiples élans de solidarité observés à tous les échelons (associations, villes, particuliers, etc.)[3] et relayés par les États[4] répondent aux besoins exprimés.

* * *

Couplée à l'histoire de son adoption, cette première activation de la protection temporaire enseigne ainsi qu'elle est un instrument dont la vocation, implicite dans le

1. La Cimade, « Dispositif d'accueil des demandeurs d'asile : États des lieux 2021 », 22 novembre 2021.

2. C. Delbecque, « Absolument pas légal : des avocats contestent la préférence pour les réfugiés ukrainiens », *L'Express*, 3 mars 2022.

3. « Guerre en Ukraine : un élan de solidarité en France », France Info, 3 mars 2022.

4. Voir le portail officiel du Gouvernement français : parrainage.réfugiés.info.

texte mais désormais explicite dans les déclarations, est de traiter des flux exclusivement européens. Elle s'inscrit dans les réactions plus globales de l'Union européenne décidées au titre de sa Politique étrangère et de sécurité commune[1]. La proposition de décision d'activation du mécanisme par la Commission précise ainsi qu'elle fait partie « d'un ensemble complet d'actions de l'UE qui répondent à l'incursion militaire russe en Ukraine ». C'est peut-être cet aspect, davantage que la volonté d'aider la Pologne qui accueille pour l'instant la majorité des exilés[2], qui a conduit à cette évolution sans précédent. Dans sa décision, le Conseil de l'UE ne se prive d'ailleurs pas de citer les conclusions du Conseil européen du 24 février, condamnant « avec la plus grande fermeté l'agression militaire russe non provoquée et injustifiée contre l'Ukraine, en soulignant la violation flagrante du droit international et des principes de la Charte des Nations Unies[3] ». Dit autrement, on fait autant le constat ici d'un afflux de personnes en besoin de protection que le procès de l'État jugé responsable du phénomène.

L'activation, sous la présidence française du Conseil de l'Union européenne, de la *protection temporaire* apparaît en définitive comme une réponse nécessaire aux migrations engendrées par la guerre en Ukraine. Il faut s'en réjouir même si nombre d'incertitudes demeurent en l'état actuel. Chacun pourra aussi regretter, en écho, le silence longtemps gardé par l'Europe au regard de crises de magnitude comparable, qui révèle, en creux, ce que cette décision inédite doit à la solidarité avec le régime ukrai-

1. Voir les différents trains de sanctions adoptées par le Conseil de l'UE, « Mesures restrictives de l'UE en réaction à la crise en Ukraine » mis à jour sur le site du Conseil.

2. V. Kantarci et D. Simonart, AFP, « Plus de 1 million de réfugiés ukrainiens sont arrivés en Pologne », *Le Devoir*, 7 mars 2022.

3. Conseil européen, « Conclusions sur l'agression militaire non provoquée et injustifiée de la Russie contre l'Ukraine », 24 février 2022.

nien et à la volonté de disqualifier l'agression russe[1]. Elle contribue assurément à montrer que l'Europe fait corps. L'avenir dira finalement si ce tournant n'aura été que conjoncturel ou se révélera structurel. L'Europe s'étant toujours faite dans les crises sinon les guerres, il n'est pas interdit d'espérer que l'activation de la protection temporaire s'inscrive finalement dans la durée.

Julian Fernandez est professeur à l'Université Paris-2 Panthéon-Assas, directeur du Centre Thucydide, codirecteur du DU droit de l'asile. Il est l'auteur de nombreux ouvrages et chroniques sur les relations internationales, la justice pénale internationale et l'exil de guerre. Contact : julian.fernandez@u-paris2.fr/Twitter @julio_fz.

Thibaut Fleury Graff est professeur à l'Université Paris-Saclay (UVSQ), dont il codirige le M2 Droit international et européen des droits fondamentaux. Entre autres nombreux articles et ouvrages, il est l'auteur avec Alexis Marie de *Droit de l'asile* (PUF 2021, 2e éd.). Contact : thibaut.fleury-graff@universite-paris-saclay.fr/Twitter @fleurygraff.

Alexis Marie est professeur de droit public à l'Université de Bordeaux. Il est directeur adjoint du Centre de recherche et de documentation européennes et internationales. Contact : alexis.marie@u-bordeaux.fr/Twitter@alexilence.

Les trois auteurs sont les co-porteurs du projet de recherche « Refwar » (protection en France des exilés de guerre, ANR, 2019-2023)[2].

1. Ministère de l'Intérieur, « Accord historique des ministres de l'Intérieur de l'Union européenne pour l'activation du dispositif de protection temporaire », Communiqué de presse, 3 mars 2022.

2. www.refwar.fr.

6

QUELLE JUSTICE INTERNATIONALE POUR L'UKRAINE ?

FRÉDÉRIC MÉGRET

Article publié le 1er mars 2022 dans *Le Rubicon*[1] et mis à jour le 23 mars 2022.

Entre sanctions et punitions

L'invasion de l'Ukraine, au-delà de la gestion géopolitique, sécuritaire ou même simplement humanitaire du conflit, soulève un enjeu de justice. Sans exagérer les possibilités que recèle la justice internationale à l'heure où le conflit fait encore rage, celle-ci a incontestablement un rôle à jouer dans la contestation de l'agression russe, par le biais du droit international. Le conflit survient dans un environnement juridique relativement dense et où la Russie et l'Ukraine se sont déjà affrontées judiciairement à plusieurs reprises.

Dans un premier temps, c'est surtout les « coûts » potentiels d'une agression qui ont été mis en avant par la communauté internationale, avec notamment une première réaction à l'illicite par le truchement de sanctions et de menaces de sanctions supplémentaires. Sans doute ces sanctions et leur gradation permettent-elles de « doser » la réponse de la communauté internationale au fur et à mesure de l'escalade de la crise. Relevons qu'il convient cepen-

1. https://lerubicon.org/publication/quelle-justice-internationale-pour-lukraine/.

dant de distinguer les sanctions de ce qui est d'ores et déjà un traitement judiciaire de la crise ukrainienne. Les sanctions peuvent certes s'analyser comme des contre-mesures à l'illicite, une sorte de réponse décentralisée de premier rang à l'invasion d'un État, à laquelle les États sont d'ailleurs sans doute contraints. Elles comportent néanmoins un important élément de gestion sécuritaire d'une menace à la paix et la sécurité internationales et relèvent d'un *self help* bien compris qui relativise leur rôle de mise en œuvre de la règle de droit[1]. Idem de l'exercice de la légitime défense par l'Ukraine : certes, mesure de mise en œuvre du droit international en elle-même par le truchement du « dédoublement fonctionnel », mais qui demeure un acte unilatéral accompli dans l'urgence.

Par le langage qu'elles mobilisent, cependant, les sanctions annoncent ce qui pourrait être une réponse plus proprement juridique, institutionnelle et même judiciaire à la crise. Au fur et à mesure que se confirme que le président Poutine n'a aucune intention de temporiser, que les Occidentaux ne « mourront pas pour Kiev », et que cette guerre-là s'est installée dans la durée et la dureté, il est inévitable que la question de justice soit posée avec vigueur, ne serait-ce qu'à la demande d'un nombre grandissant de victimes. Comment rendre ceux à l'origine de cette tragédie comptables de leurs actes ? Il s'agira ici de distinguer notamment entre la poursuite des responsabilités individuelles et étatiques, désormais deux piliers incontournables et complémentaires de la responsabilité internationale en matière de violations graves.

---

1. B. Delcourt, « Au nom de quoi sanctionner et punir ? », *Revue internationale et stratégique*, 97 (1), 2015, p. 79-87.

LE STATUT DE ROME DANS LE MONDE

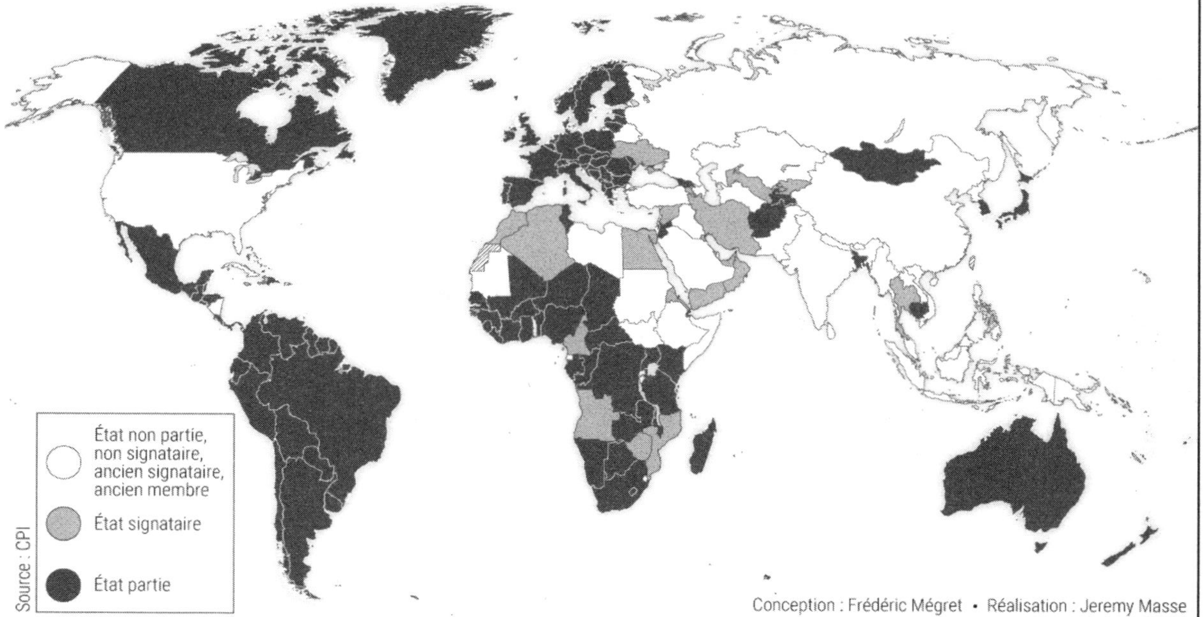

Conception : Frédéric Mégret • Réalisation : Jeremy Masse

La difficile recherche des responsabilités individuelles

S'agissant des responsabilités individuelles, les regards se tournent spontanément vers la Cour pénale internationale (CPI). Il faut dire que les responsabilités personnelles de cette guerre-là semblent écrasantes. Bien avant que ne se pose la question d'éventuelles responsabilités pour crimes de guerre, l'attaque massive d'un État par un autre en dehors de toute autorisation et en violation manifeste de la Charte des Nations Unies paraît bien caractéristique d'une agression. On cherchera en vain une justification digne de ce nom dans les arguties géopolitiques du Kremlin : quoi que l'on pense de la sagesse de la politique occidentale dans la région, rien en droit international aujourd'hui ne saurait cautionner une logique de sphères d'influence. C'est donc bien une entité souveraine qui est envahie, en violation flagrante de la Charte des Nations Unies. Tout au plus notera-t-on que le président russe utilise avec une perverse habilité le langage du droit international, notamment lorsqu'il évoque la commission d'un génocide en Ukraine qui ne lui laisserait d'autre choix que d'intervenir mais, on y reviendra, l'argument, déjà invoqué par le passé par la Russie[1], pourrait bien se retourner contre elle…

Qu'à cela ne tienne, on se rappellera que l'Union soviétique dont descend la Russie fut en son temps à la fine pointe de la définition des « crimes contre la paix » de l'Allemagne, même si c'était en éludant ses propres responsabilités en la matière, comme le rappelle le remarquable

1. J. Fernandez, *La Russie au secours de l'Ukraine ? De l'ingérence sur « invitation », par « humanité » ou en soutien du « droit des peuples à disposer d'eux-mêmes »*, https://www.huffingtonpost.fr/julian-fernandez/droit-international-russie-ukraine_b_4906837.html, 7 mars 2014, consulté le 22 mars 2022.

récent ouvrage de Francis Hirsch[1]. Justement, le régime de l'agression de la CPI, dont le principe avait été prévu dès l'adoption du Statut de Rome en 1998, puis mis en place à la Conférence de révision de Kampala en 2010[2], a enfin été rendu opérationnel en 2018 au terme d'un processus particulièrement poussif. Cependant, le régime en matière d'agression est dérogatoire au droit commun de la CPI : là où un lien territorial avec un État partie ou ayant reconnu la compétence de la Cour suffit pour les autres crimes entrant dans la compétence de la Cour, il est exclu en matière d'agression de poursuivre des accusés ayant la nationalité d'un État ou ayant commis l'agression sur le territoire d'un État qui n'aurait pas accédé au Statut de Rome. Or ni la Russie ni, plus étrangement, l'Ukraine ne sont membres de la CPI.

On pourra déplorer cette exigence inhabituelle concernant l'agression, comme on pourra comprendre que certains États parties aient voulu doter la poursuite de ce crime d'un régime particulièrement restrictif. Il est vrai que l'agression comprend une dimension interétatique inhérente que l'on ne retrouve pas nécessairement dans les autres crimes entrant dans la compétence de la Cour. Toujours est-il que le Statut interdit actuellement de penser que l'agression de l'Ukraine puisse être jugée par la CPI. Face à cet obstacle majeur, deux manœuvres de contournement apparaissent.

La première, assez limitée il est vrai, est que si la CPI ne peut pas connaître de cet épisode d'agression, en revanche, certaines juridictions nationales pourraient avoir compétence. C'est bien entendu avant tout le cas des tribu-

---

1. F. Hirsch, *Soviet Judgment at Nuremberg : A New History of the International Military Tribunal After World War II*, Oxford University Press, 2020. Voir également G. Bogush, « Aron Trainin : The Legal Mind Behind a Soviet International Criminal Law Project » dans Immi Tallgren et Frédéric Mégret (eds.), *The Dawn of the Discipline : International Criminal Justice and its Early Exponents*, Cambridge University Press, 2019.

2. Résolution RC/Res.6, 11 juin 2010.

naux russes et ukrainiens. Mais il est possible que d'autres États à titre individuel puissent exercer une compétence universelle à son égard[1]. Environ une vingtaine prévoient cette possibilité dans leur procédure pénale[2]. Toutefois, on pourra déplorer que les tribunaux d'un État lambda aient à connaître d'un crime de droit international qui les dépassera très vraisemblablement. Des questions d'immunité se poseraient en tout état de cause s'agissant d'un chef d'État en fonction, si le président Poutine l'était encore. Et on peut s'interroger sur la valeur d'exemplarité et l'impartialité d'un tel procès «horizontal». Cette option paraît, en définitive, assez peu réaliste.

Deuxième possibilité de contournement des limites du régime de la CPI, la Cour pourra entendre de tout autre crime commis en Ukraine et entrant dans sa compétence, c'est-à-dire principalement d'éventuels crimes de guerre ou même de crimes contre l'humanité. Certes, l'Ukraine n'est pas partie au Statut de Rome (on peut se demander, d'ailleurs, s'il ne serait pas grand temps qu'elle le soit) mais par deux fois, en 2013 et 2015, déjà elle a reconnu ponctuellement la compétence de la Cour au titre de l'article 12 (3). Les crimes allégués ayant été commis sur le territoire ukrainien, cela suffit à établir la compétence de la Cour quand bien même la Russie n'est pas partie au Statut de Rome. Cette reconnaissance a ouvert la voie à un examen préliminaire de la situation en Ukraine par la procureure, conclu opportunément le 11 décembre 2020, et au terme duquel celle-ci concluait à l'existence d'une base raisonnable pour considérer que des crimes de guerre et des crimes contre l'humanité avaient été commis dans le cadre des manifestations «Maidan» à Kiev ainsi qu'en

1. M.P. Scharf, «Universal Jurisdiction and the Crime of Aggression», *Harvard International Law Journal*, 53 (2), 2012, p. 357-390.

2. A. Reisinger Coracini, «(Extended) Synopsis: The Crime of Aggression under Domestic Criminal Law» dans Claus Kreß et Stefan Barriga (eds.), *The Crime of Aggression: A Commentary*, Cambridge University Press, 2016, p. 1038-1078.

Crimée et dans l'est de l'Ukraine[1]. Le procureur actuel, Karim Khan, a été plutôt proactif depuis le début du conflit et s'est d'ores et déjà déplacé en Ukraine.

L'Ukraine avait d'ailleurs d'emblée déjà marqué un point après que la procureure eut considéré que le conflit dans la région était un conflit armé international[2], ce qui allait tout à fait à l'encontre de la position russe et amena d'ailleurs la Russie à « dé-signer » le Statut de Rome[3]. Une demande d'autorisation d'enquête a par la suite été demandée à la chambre préliminaire. L'important ici est que l'Ukraine avait d'elle-même, au terme de sa seconde déclaration, étendu le champ temporel de compétence de la Cour au-delà du 20 février 2014 sans date limite, si bien que cette déclaration doit bien être considérée encore valable pour les événements actuels. Sautant sur l'occasion, la Lituanie, en tant qu'État partie au Statut de Rome a d'ores et déjà renvoyé la situation ukrainienne devant la Cour[4], très vite rejointe par une quarantaine d'États. C'est là un fait réellement inédit puisque aucun renvoi vers la CPI par des États n'a jamais été ni aussi massif ni aussi solidaire.

Notons qu'en procédant de la sorte, l'Ukraine donnerait certes compétence à la Cour pour enquêter sur les crimes russes commis en Ukraine, mais par la même occasion commis par ses propres troupes. C'est incontestablement un risque à prendre pour un État confiant de son fait et sans doute dans la pratique plus respectueux du droit international que ne l'est son adversaire : la Palestine a, par exemple,

---

1. *Déclaration du procureur de la Cour pénale internationale, Mme Fatou Bensouda, au sujet de la conclusion de l'examen préliminaire de la situation en Ukraine*, https://www.icc-cpi.int/Pages/item.aspx?name=201211-otp-statement-ukraine&ln=fr, consulté le 22 mars 2022.

2. Bureau du procureur, *Rapport sur les activités menées en 2016 en matière d'examen préliminaire, 14 novembre 2016*, para. 158.

3. « La Russie inflige un nouveau coup dur à la CPI », *Le Monde.fr*, 17 novembre 2016.

4. https://lrv.lt/en/news/lithuania-has-officially-turned-to-icc.

fait ce même calcul dans son rapport à Israël. Ajoutons également que les juridictions nationales non seulement peuvent mais doivent bien engager elles-mêmes des poursuites pour crimes de guerre, crimes contre l'humanité et génocide et qu'elles ont sans doute la possibilité de le faire sur la base de la compétence universelle, la compétence de la CPI n'étant en toute hypothèse que « complémentaire ». À l'heure où les premiers procès de tortionnaires syriens se concluent en Allemagne par exemple[1], il n'est pas à exclure que les capacités de déplacement à l'international de gradés russes se limitent de manière significative…

Enfin, remarquons que le président Zelensky en a d'ores et déjà appelé à la création d'un tribunal pénal international pour juger les crimes commis en Ukraine, repris en cela par un appel britannique[2]. D'apparence incongrue étant donné la compétence et l'implication de la CPI, cette proposition peut se comprendre face au caractère exceptionnel du conflit actuel et le fait que la Cour ne sera en mesure, en tout état de cause, de ne juger que quelques individus. Si d'ordinaire la compétence des tribunaux internes, notamment ukrainiens (et russes), doit accomplir le plus gros du travail, dans le respect du principe de complémentarité, cela peut paraître difficile dans les conditions actuelles et une juridiction internationale serait porteuse de gages d'indépendance et d'impartialité accrus.

Il n'en demeure pas moins que la création d'un tribunal pénal international *ad hoc*, en plus d'être onéreuse, demeure une gageure, surtout sans l'implication du Conseil de sécurité, par hypothèse bloqué par le veto russe. Elle se heurte à des questions d'immunité, ne saurait fonctionner que dans l'hypothèse d'un changement de régime, et appa-

---

1. L.-J. Perreault, « Encercler le régime syrien, un procès à la fois », *La Presse*, 19 janvier 2022.

2. Gordon Brown et Philippe Sands, « Créons un tribunal pénal spécial pour juger le crime d'agression commis contre l'Ukraine », *Le Monde.fr*, 4 mars 2022.

raît dès lors quelque peu précoce. Reste, de manière tout à fait hypothétique à ce stade, la recherche d'une formule hybride par exemple qui pourrait se faire à travers des discussions multilatérales ou impliquant les Nations Unies.

L'incontournable recherche de la responsabilité de l'État russe

Remarquons en outre que l'insistance sur la responsabilité individuelle peut parfois détourner l'attention de responsabilités plus collectives et structurelles[1]. La possibilité que la responsabilité internationale de l'État russe soit engagée en tant que telle demeure, dans la plus pure tradition du droit international. Quoi que l'on pense des responsabilités individuelles de M. Poutine et de quelques membres de son entourage, il n'en demeure pas moins que c'est la Russie en tant que telle qui a envahi l'Ukraine. Les affaires mettant en cause le recours à la force devant la CIJ se sont multipliées depuis quelques années (RDC c. Ouganda, Iran c. États-Unis, Serbie et Monténégro contre divers États membres de l'OTAN, etc.) et elles sont porteuses de jugements plus amples mettant en cause l'ensemble des responsabilités étatiques, de mesures provisoires (certes, pas toujours respectées) et de réparations potentielles.

Il est vrai que ni la Russie ni l'Ukraine ne reconnaissent la compétence obligatoire de la Cour. En revanche, il est avéré depuis quelques années que des moyens de contourner cet obstacle existent en matière de recours à la force à travers l'usage «créatif» de clauses compromissoires contenues dans des traités non liés *a priori* à la question de l'usage de la force. C'est justement à l'égard de la Russie

1. F. Mégret, «Les angles morts de la responsabilité pénale individuelle en droit international», *Revue interdisciplinaire d'études juridiques*, 71 (2), 2013, p. 83-136.

que cette stratégie avait été explorée dans un premier temps par la Géorgie. Mais c'est depuis l'Ukraine elle-même qui, sur la base de la Convention sur l'élimination de la discrimination raciale (CEDR) et de la Convention internationale sur la suppression du financement du terrorisme, avait d'ores et déjà introduit une requête devant la Cour en 2017 au sujet de laquelle celle-ci s'est déclarée compétente le 8 novembre 2019. Si l'actualité de cette requête paraît à certains égards avoir été supplantée par les derniers événements, elle n'en porte pas moins déjà sur le comportement de la Russie en Ukraine, et pourrait donc jeter un éclairage cru sur un dessein russe dans la région déjà bien visible dès 2014.

Certes le recours à ces traités a quelque chose d'un peu incongru puisque d'aucuns perçoivent bien que le véritable enjeu en est le recours à la force. Il s'agit néanmoins d'un stratagème que l'Ukraine peut, faute de mieux, répéter à nouveau. De fait, avec une célérité remarquable, l'Ukraine a d'ores et déjà introduit un recours, cette fois-ci pour violation de la Convention sur le génocide, à laquelle les deux États sont parties. Ladite Convention prévoit en effet que les parties pourront référer tout différend concernant son interprétation à la Cour. Remarquons que l'Ukraine n'allègue pas à titre principal, comme l'avait fait en son temps avec un succès mitigé la Bosnie contre la Serbie et le Monténégro, que la Russie aurait commis le crime de génocide (ce qui, quoi qu'on pense du caractère criminel de l'invasion russe, serait manifestement incorrect), mais qu'elle aurait manipulé la définition de celui-ci en caractérisant les faits survenus dans les oblasts ukrainiens de Lougansk et de Donetsk comme tels.

Dans sa requête introductive d'instance, l'Ukraine s'en prend spécifiquement à l'idée que la Russie a « annoncé et mis en œuvre une "opération militaire spéciale" contre l'Ukraine » sur le fondement d'allégations de génocide. On le voit donc, l'Ukraine entend faire jouer la contestation d'une qualification au titre de la Convention sur le génocide un rôle instrumental comme une sorte de déclencheur de l'agression. En désamorçant le *casus belli*, elle cherche à disqualifier un des rares arguments que la Russie a proféré pour justifier l'invasion puisque, on le sait, le président Poutine est obsédé par l'idée que les russophones de l'est de l'Ukraine seraient menacés d'extinction…

L'avenir dira si cette stratégie quelque peu alambiquée mais intéressante fonctionnera. La CIJ, au stade des mesures conservatoires, a donné à l'Ukraine l'occasion d'une belle victoire tactique, considérant qu'elle avait compétence *a priori* pour entendre du différend. La démarche met au cœur de la stratégie ukrainienne la mauvaise foi patente de la Russie, et une sorte de violation de la Convention sur le génocide par invocation intempestive. Ce serait déjà une victoire que la Cour se prononce pour «innocenter» l'Ukraine des accusations que le président Poutine a fait peser sur elle bien à la légère, et qui ont été un des ressorts indéniables du Kremlin pour justifier l'intervention.

Cependant, outre que cette posture a le défaut politiquement de faire apparaître l'Ukraine dans une position défensive, on peine à ce stade à voir sur quel jugement elle pourrait déboucher, si ce n'est d'astreindre la Russie à ne plus utiliser l'argument tiré du génocide dans ses justifications de l'invasion (et les mauvaises langues diront que la CIJ n'aime rien autant que de faire semblant de ne pas comprendre la question qu'on lui pose). En outre, la question du recours à la force y jouera un rôle assez indirect. La Cour pourrait certes s'aventurer à envisager si un recours à la force contre un État souverain peut jamais être une réponse adéquate à des actes de génocide mais l'agression de l'Ukraine sera alors analysée au mieux à travers le prisme de la Convention sur le génocide, et non directement sur le fondement du droit international général et de la Charte des Nations Unies.

RECONNAISSANCE DE LA COMPÉTENCE OBLIGATOIRE DE LA CIJ

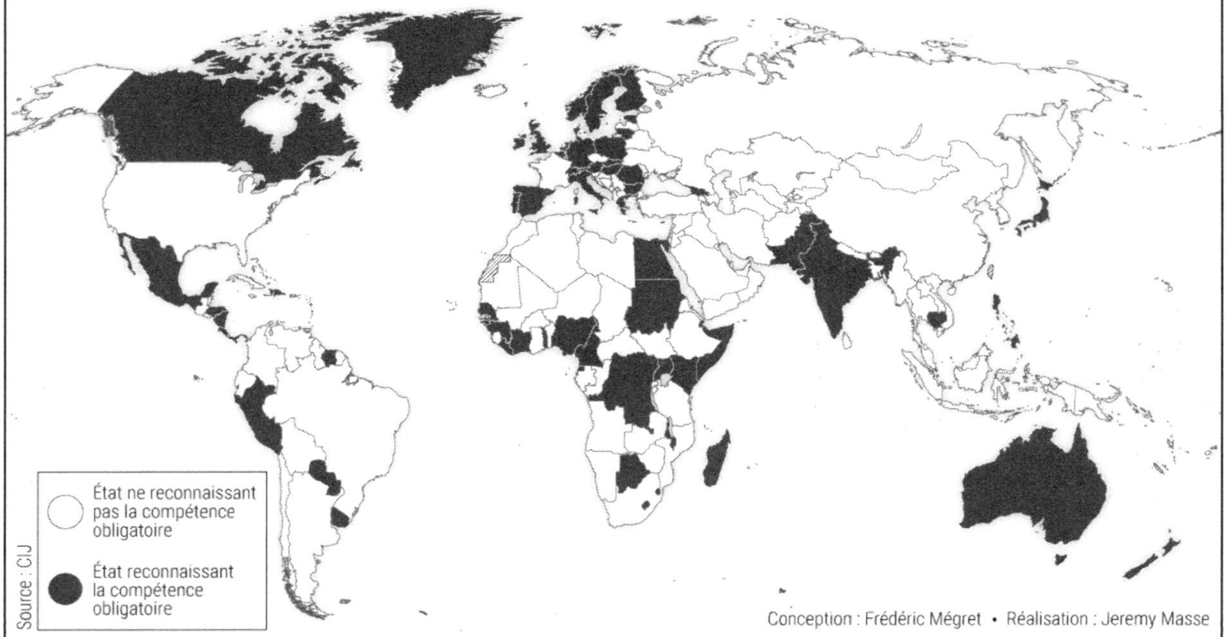

Reste que la Cour européenne des droits de l'homme (de même que les procédures des organes onusiens de protection des droits humains) pourrait également être un «forum» intéressant pour une plainte de nature interétatique. Pas moins d'une dizaine de procédures de ce type opposant l'Ukraine à la Russie ont été engagées depuis quelques années, marquant une véritable escalade judiciaire ukrainienne. Celles-ci concernent, synthétiquement, des griefs alléguant (i) une «pratique administrative» de violation des droits humains en Crimée déclarée recevable en 2021 ; (ii) le crash du vol MH-17 de la Malaysian Airlines, (iii) un incident naval entre navires militaires ukrainiens et russes et (iv) une campagne d'assassinats ciblés contre des opposants politiques.

L'Ukraine a donc déjà une pratique bien rodée de poursuites engagées contre son voisin et le contexte actuel, incomparablement plus grave en matière de violation des droits humains, lui donne sans doute l'opportunité d'en engager d'autres. C'est pourquoi, parallèlement à la requête présentée devant la CIJ, l'Ukraine a très rapidement introduit une requête devant la Cour de Strasbourg alléguant des violations des droits à la vie, à ne pas être soumis à la torture ou encore à la vie familiale du fait de l'invasion.

Il est vrai que le Conseil des ministres du Conseil de l'Europe a suspendu la Fédération de Russie de son droit de représentation au sein du Comité des ministres et de l'Assemblée parlementaire, ce dont certains membres du régime se réjouissent d'ailleurs déjà. Peu après, la Russie a annoncé se retirer du Conseil de l'Europe. Un tel contexte n'a en théorie pas d'incidence sur les affaires déjà en cours mais il fait clairement peser une hypothèque sur l'activité future de la Cour à l'égard de la Russie, laquelle risque fort de boycotter le tribunal d'une organisation à laquelle elle n'appartient plus et qu'elle n'a de cesse de critiquer comme instrumentalisée par l'Europe.

Nonobstant, l'idée de traiter d'un acte d'agression, certes impliquant avant tout *a priori* la violation de la souveraineté d'un État par un autre, comme une violation des droits humains n'a rien de saugrenu, et fait l'objet d'une attention soutenue depuis quelques années[1]. Elle cautionne intellectuellement, en tous les cas, un passage par Strasbourg qui pourrait se fonder sur la violation de toute une série de droits, à commencer bien entendu par le droit à la vie, dont on voit bien qu'il est durablement compromis par l'assaut lancé en toute illégalité contre une autre nation. Le Comité des droits de l'homme s'est montré à travers ses récentes Observations générales sur le droit à la vie, particulièrement ouvert à considérer dans toute leur ampleur les conséquences d'une agression sur la jouissance des droits humains.

Si la Cour européenne n'a pas vocation à appliquer le droit international humanitaire en tant que tel, elle pourrait donner une lecture, «en droits humains», d'épisodes de violence dans la poursuite d'hostilités. Reste que par le passé, notamment dans une affaire très similaire opposant la Georgie à la Russie[2], la Cour s'est montrée réticente à examiner la conduite des hostilités sous l'angle du droit à la vie, notamment car se pose alors la question de l'articulation entre droits humains et droit international humanitaire.

Le *lawfare* au service de la justice ?

Comme on le voit, les voies permettant de «judiciariser» la crise ukrainienne ne sont pas infinies, mais elles ont le mérite d'exister. Elles pourraient faire la part belle à l'Ukraine même si des États tiers pourraient aussi avoir un

1. T. Dannenbaum, *The Crime of Aggression, Humanity, and the Soldier*, Cambridge, Cambridge University Press, 2018.
2. Géorgie c. Russie (II), arrêt du 21 janvier 2021.

rôle, qu'il s'agisse d'exercer leur compétence universelle, de porter une affaire devant la CIJ au motif qu'une obligation *erga omnes* a été violée, ou de renvoyer la situation ukrainienne à la CPI, à la mesure des intérêts solidaires mis en jeu. Toutes ont le mérite d'avoir des implications en matière de réparation, mais aussi de permettre de « dire » le droit dans cette tragique affaire, avec des conséquences évidentes et qui seront scrutées avec attention par d'autres États. Si l'Ukraine est bien engagée dans ce que l'on pourrait taxer de stratégie de *lawfare*, c'est tout à son honneur car la mise en avant de ses droits rend aussi un service indéniable à la communauté internationale dans son ensemble. À travers cette judiciarisation, vraisemblablement longue et complexe, c'est aussi toute la pertinence du droit international, aujourd'hui bien malmené mais loin d'être moribond, qui en train de se jouer.

Frédéric Mégret est professeur de droit, titulaire d'une Chaire William Dawson et codirecteur du Centre des droits de la personne et du pluralisme juridique à la faculté de droit de l'Université McGill, au Canada, et l'auteur de nombreux écrits sur la justice pénale internationale, la protection internationale des droits humains et le droit des conflits armés. Contact : frederic.megret@mcgill.ca/Twitter @fredericmegret

7

LA RUSSIE PEUT-ELLE SE DÉCONNECTER D'INTERNET ?

KEVIN LIMONIER

Article publié le 24 mars 2022 dans *Le Rubicon*[1].

En 2019, la Douma a adopté la loi FZ90, baptisée loi du « Runet souverain ». Elle prévoit de donner à l'État les moyens juridiques, administratifs et techniques de contrôler l'intégralité des flux de données entrant et sortant du territoire russe et, le cas échéant, de déconnecter le pays du reste du monde en cas de « menace extérieure avérée ». Plusieurs semaines après le début de l'invasion de l'Ukraine par la Russie, la déconnexion prévue par la loi de 2019 n'a toujours pas eu lieu, alors même que le pays est progressivement isolé de nombreux flux financiers, logistiques et économiques de la mondialisation soit par des sanctions, soit par l'action du gouvernement russe lui-même.

Cela ne signifie pas pour autant qu'il ne se passe rien dans le cyberespace russophone : le blocage des derniers médias indépendants du pays, de même que celui de plusieurs sites d'information occidentaux, est déjà une mesure de déconnexion de la Russie de certains flux d'informations considérés comme « indésirables » par les autorités en raison de leur couverture de l'invasion russe. De même, l'État a demandé à Roskomnadzor, le gendarme russe des

1. https://lerubicon.org/publication/la-russie-peut-elle-se-deconnecter-dinternet/.

télécommunications, de ralentir ou de bloquer certains réseaux sociaux tels que Facebook, au prétexte que ceux-ci seraient des vecteurs de « fausses informations » sur le conflit.

Catastrophiques en termes de liberté d'expression et d'information, ces mesures constituent la suite logique des politiques de censure progressivement établies par les autorités depuis de nombreuses années. Il n'y a pourtant là aucune innovation majeure, mais plutôt une accélération spectaculaire du long mouvement qui vise à déconnecter l'espace informationnel russe de celui des pays occidentaux. D'ailleurs, et même si cela reste anecdotique à l'échelle de l'ensemble de la population russe, des solutions de contournement de cette censure numérique existent : la massification des VPN, ou l'utilisation du réseau TOR, conseillée par exemple par la BBC à ses lecteurs situés en Russie où le média est bloqué, permet pour l'instant de dépasser bien des restrictions – du moins pour celles et ceux qui disposent des connaissances techniques nécessaires.

Ces éléments de censure sont pourtant bien loin de la fameuse déconnexion voulue par la loi de 2019. Car si elle venait à survenir, aucun VPN ni aucune ruse numérique ne suffiraient à contourner un tel blocage. Les flux de données seraient interrompus ou filtrés à des niveaux qui laisseraient peu de marge de manœuvre au contournement d'un tel « rideau de fer » numérique. Cet article a pour objectif d'exposer les origines, principes, perspectives et surtout limites de la stratégie portée par la loi de 2019 de « frontiérisation » de l'Internet russe. En effet, la Russie semble ne pas (encore) être capable d'opérer une telle déconnexion, notamment pour des raisons structurelles qui ont trait à l'histoire et à la géographie du pays, de même qu'à l'architecture particulière de son réseau Internet.

Le Runet et ses « frontières numériques » : une construction géopolitique

La loi de 2019 et l'ambition qu'elle porte sont le résultat d'un lent phénomène de prise de contrôle de l'Internet russophone, le Runet, par le pouvoir ou par des intérêts proches de lui. Cette dynamique commence au début des années 2010. Nous sommes alors au lendemain des Printemps arabes, lors desquels les mobilisations en ligne jouèrent un rôle important. À l'hiver 2011-2012, la Russie est elle-même touchée par une vague de manifestations partout dans le pays pour protester contre l'intention de Vladimir Poutine de briguer un troisième mandat présidentiel. Ces mobilisations, dont l'ampleur est inédite depuis la chute de l'URSS, sont largement organisées sur les réseaux sociaux – un type de plateformes alors relativement nouveau, et que les services de sécurité maîtrisent mal.

Après son retour au Kremlin en mars 2012, Vladimir Poutine entame une politique beaucoup plus autoritaire connue sous le nom de « tournant conservateur ». Internet, qui était jusque-là regardé avec une certaine indifférence par les autorités, est désormais considéré comme une menace pour la stabilité du régime. Quelques mois plus tard, les révélations de Snowden ont fourni au pouvoir russe le prétexte idéal pour prendre les dispositions qui s'imposaient afin, comme le titrait alors la Voix de la Russie, « d'échapper aux grandes oreilles de l'Oncle Sam » et de soustraire la population russe au « relativisme moral » dont on disait à Moscou qu'il menaçait de provoquer une révolution de couleur en Russie.

Entre dénonciation de l'hégémon numérique américain, défense des valeurs morales et impératifs de sécurité nationale, Internet devint alors en Russie l'objet d'une triple convergence conduisant à une intense production législative toujours en cours au début des années 2020, et dont la loi de 2019 est le dernier avatar. Il s'agit là d'un lent phénomène d'intégration du Runet à l'univers géographique, mental, stratégique et culturel du pouvoir russe et de ses représentations du monde. Internet, que V. Poutine qualifia un jour « d'invention de la CIA », a longtemps été perçu comme un vecteur d'influences occidentales dangereuses. Progressivement, le terme Runet, qui désignait jusqu'alors le segment de l'Internet où l'on utilise la langue russe pour communiquer, fut récupéré par les autorités qui en firent la projection numérique de ses ambitions géopolitiques : recréation d'une sphère d'influence régionale, instrumentalisation de la pratique de la langue russe, dénonciation de l'hégémonie morale de l'Occident, etc.

Les « frontières numériques », un objet technique

Ce Runet avait donc besoin de frontières (mentales, culturelles, politiques et techniques) pour exister en tant qu'objet cohérent avec la geste géopolitique du Kremlin, et pour proposer une alternative au modèle de l'Internet global, ouvert, et perçu comme dangereux. C'est précisément l'objet de la loi de 2019, qui entend instituer de véritables « postes frontières numériques » permettant de contrôler, ou de bloquer, le trafic entrant et sortant du pays. Pour ce que l'on en sait, l'implémentation technique de cette loi repose sur la capacité de l'État à réorganiser en profondeur les logiques de routage qui structurent l'Internet, notamment grâce à des « appareils de lutte contre les menaces » (TSPU) que les opérateurs et les FAI ont désormais l'obligation d'installer sur les points nodaux de leur réseau[1]. Se présentant sous la forme de boîtiers exploités par Roskomnadzor, le gendarme russe des télécommunications, les TSPU ont un objectif double : d'une part, permettre à l'État russe de pratiquer ce droit de regard conféré par la loi de

1. Article 46 de la loi fédérale n° 126-FZ du 7 juillet 2003, amendé par la loi n° 90-FZ.

2019 sur les paquets de données qui entrent et sortent du territoire ; d'autre part, exécuter l'ordre de déconnexion du segment russe de l'Internet en cas de menace extérieure[1].

Pour ce faire, les TSPU doivent agir principalement sur la couche BGP de l'Internet. BGP est le protocole qui permet aux sous-systèmes qui composent l'Internet de communiquer entre eux. Ces sous-systèmes, qui sont appelés systèmes autonomes (AS), sont les briques élémentaires de l'Internet. Concrètement, un AS correspond à un fournisseur d'accès Internet, un opérateur de câble, une administration… bref, une entité ayant une gestion autonome de son propre périmètre. Pour que deux AS puissent échanger entre eux des données, il faut qu'ils aient contracté un « accord BGP » (*BGP agreement*) – c'est-à-dire une entente, contractuelle ou non, qui régit les modalités selon lesquelles deux systèmes autonomes vont échanger entre eux des données. Or, aucun AS n'entretient d'accord BGP avec la totalité des autres AS qui constituent l'Internet, dans la mesure où ces accords sont le produit de relations contractuelles entre les gestionnaires de réseaux, et sont donc le fruit de négociations commerciales, techniques, qui peuvent être influencées par des considérations politiques ou même géographiques. La principale conséquence de ce constat est que, pour parvenir d'un point A à un point B de l'Internet, un paquet de données envoyé par un utilisateur à un autre passera généralement par plusieurs AS intermédiaires, dessinant ainsi un chemin logique. Par ailleurs, si tous les AS du monde ne sont pas interconnectés, alors cela veut dire qu'il y en a qui sont plus centraux que d'autres. Dans certains pays tels que l'Iran, certains AS font même office d'interface entre réseau national et le reste du monde – créant des goulots d'étranglement stratégiques qui sont contrôlés par les autorités ou des intérêts proches de celles-ci.

---

1. Ordonnance n° 127 du 12 février 2020 du Gouvernement de la Fédération de Russie.

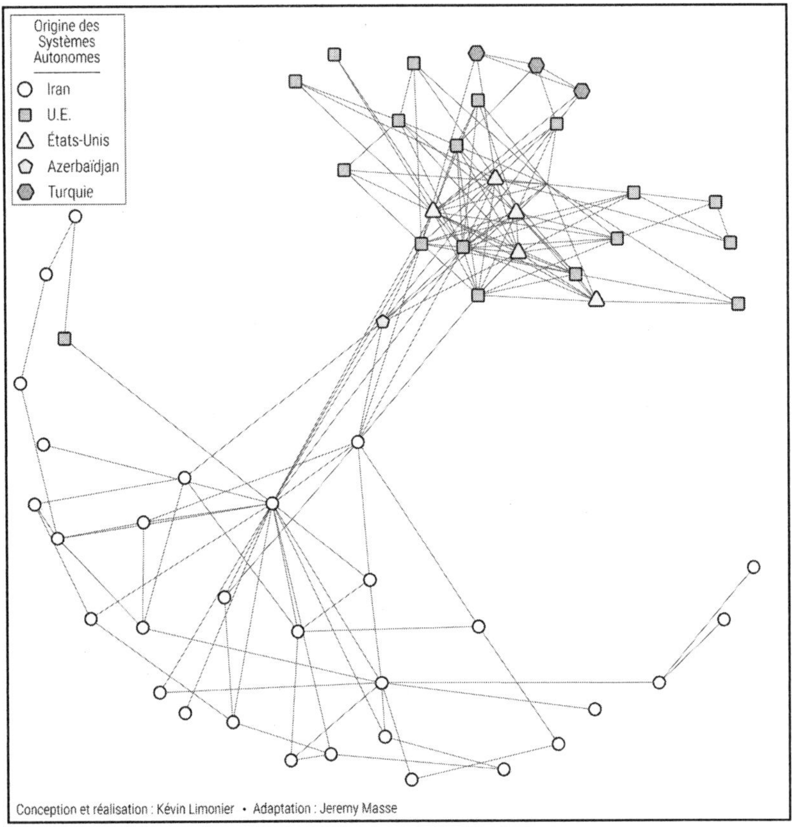

Graphe indiquant la totalité des AS iraniens et leurs voisins étrangers, c'est-à-dire les AS non-iraniens faisant l'interface avec le reste de l'Internet mondial. On remarque d'emblée qu'il n'existe que quelques points de passage entre l'Iran et le reste du monde[1].

1. Loqman Salamatian, Frédérick Douzet, Kavé Salamatian, Kévin Limonier, « The geopolitics behind the routes data travel : a case study of Iran », *Journal of Cybersecurity*, 7 (1), 2021, tyab018, https://doi.org/10.1093/cybsec/tyab018.

C'est justement sur ces goulots d'étranglement que les autorités russes espèrent pouvoir filtrer, voire couper, les flux de données entrants et sortants du territoire fédéral – notamment grâce aux boîtiers TSPU. Sur le papier, il suffirait donc aux autorités de décréter une déconnexion pour qu'elle ait lieu *via* ces infrastructures. Or, la plupart des tests qui ont été menés par le gouvernement ne semblent pas avoir eu les effets escomptés : ils ont même été reportés *sine die*, officiellement en raison de la crise sanitaire. Depuis, l'activité est restée très faible sur ce front, y compris depuis le début de l'invasion de l'Ukraine.

Le Runet, l'un des réseaux les plus complexes du monde

La Russie semble donc connaître d'importantes difficultés pour implémenter sa loi sur le « Runet souverain ». L'hypothèse ici formulée est que ces difficultés sont d'abord dues à la structure même du réseau russe, qui est l'un des plus complexes du monde : il comporte trop d'acteurs, trop de portes d'entrée, trop de chemins de traverse. Bref, il est aux antipodes des réseaux chinois ou iranien qui, organisés autour de quelques points de passage centralisés, sont facilement contrôlables et regardés à Moscou comme des exemples à suivre.

Le graphe ci-dessous montre l'ensemble des systèmes autonomes russes et leurs voisins, c'est-à-dire des systèmes autonomes étrangers permettant à la Russie de se connecter au reste du monde. La différence avec le réseau iranien est flagrante : le nombre de routes et d'AS connectant la Russie au reste du monde est sans commune mesure avec les quelques points soigneusement établis par Téhéran pour contrôler son réseau.

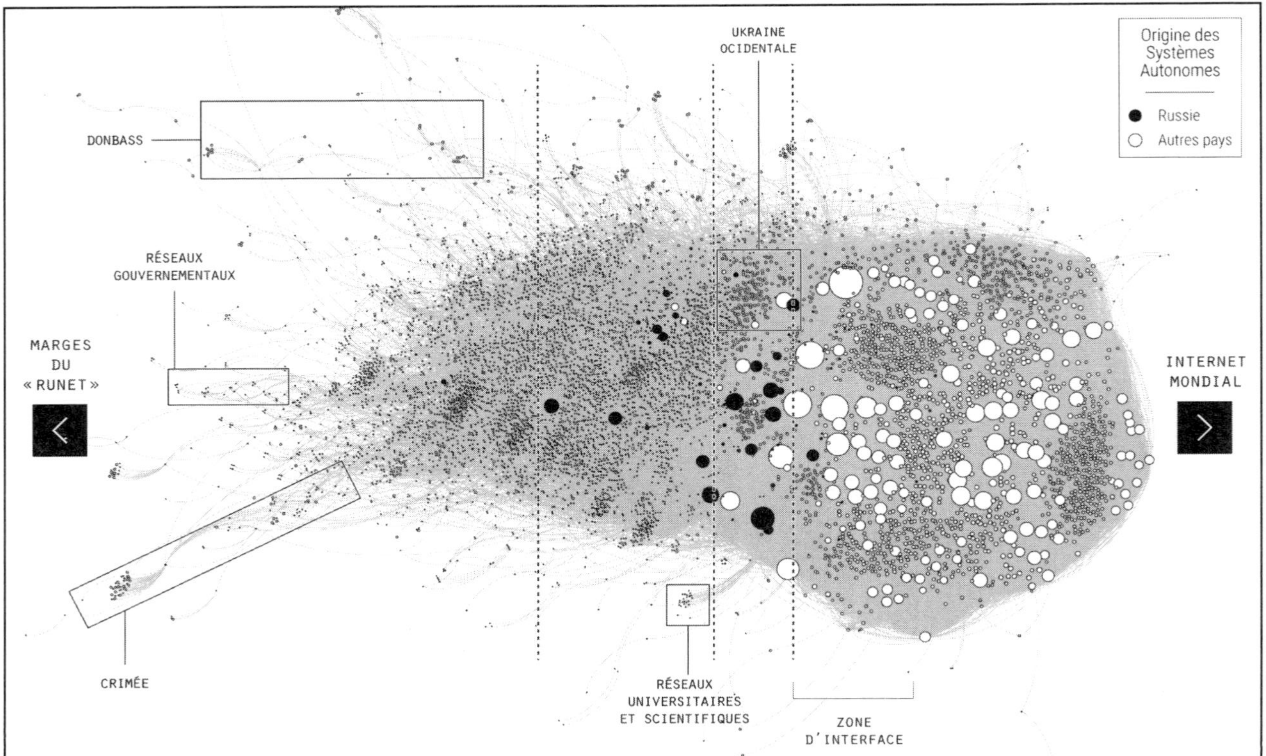

Conception et réalisation : Kévin Limonier • Adaptation : Jeremy Masse

En fait, la Russie a l'un des réseaux les plus complexes et les plus denses du monde. En décembre 2020, 6575 systèmes autonomes déclaraient être enregistrés en Russie selon le RIPE[1].

Ce chiffre place la Russie en troisième position dans le classement des pays disposant du plus grand nombre d'AS, derrière les États-Unis (28914 AS) et le Brésil (8566 AS), mais loin devant l'Allemagne (3034 AS) ou la France (2111 AS). Outre le foisonnement d'acteurs, le nombre de routes BGP qui charpentent l'Internet russe est également considérable. Selon nos données, il existe au moins 12582 accords BGP à l'intérieur des frontières russes. C'est trois fois moins que les États-Unis (37000 accords), mais deux fois plus que l'Allemagne (6269 accords) et dix fois plus que la France (1165). Cela signifie que pour atteindre n'importe quel point de l'Internet russe, le nombre de routes qu'un paquet de données peut emprunter est considérable, difficilement cartographiable, et donc difficilement contrôlable.

Cette situation s'explique en grande partie par l'histoire : au début des années 1990, l'Internet mondial ressemblait beaucoup à l'Internet russe contemporain, avec une foule de petits AS connectés les uns aux autres. Mais l'explosion du nombre d'internautes dans le monde occidental à partir du milieu des années 1990 a fait émerger de grands acteurs et disparaître quantité de petits. En Russie, un tel mouvement n'a pas eu lieu avec la même intensité, en raison du manque d'investissements, notamment publics, pour développer une connectivité rapide sur l'ensemble du territoire. Outre le manque de moyens, la taille du territoire a également été un facteur important : de nombreuses villes éloignées des grands axes de communication n'intéressaient pas les quelques grands opérateurs russes, car trop chères à connecter pour si peu d'abonnés poten-

1. https://ipinfo.io/countries.

tiels. De fait, une foule d'initiatives «par le bas» sont venues pallier ces difficultés – donnant naissance à une quantité de petits opérateurs aujourd'hui bien implantés.

Résistance passive de la part de certains opérateurs

Ce foisonnement de routes et d'acteurs limite *a priori* l'efficacité de la stratégie du Runet souverain, que ce soit pour le filtrage du réseau ou pour procéder à sa déconnexion en cas de menaces extérieures. Si l'on regarde ce qui se passe dans des pays qui parviennent aujourd'hui à contrôler efficacement leur réseau, tels que la Chine ou l'Iran, on s'aperçoit qu'ils ne possèdent qu'un petit nombre de routes internationales, détenues par des acteurs contrôlés par l'État ou proches de ses intérêts. Dès lors, on peut postuler que l'un des objectifs des autorités russes est de réduire ce nombre de routes et de composer des corridors logiques maîtrisés, d'abord grâce à un recensement des routes, puis en demandant aux AS d'en supprimer certaines. Un centre de monitoring du réseau a même été mis en place récemment, afin de coordonner l'action des autorités avec celle des systèmes autonomes et des opérateurs, non sans rencontrer d'importantes difficultés[1] qui témoignent possiblement du manque de coopération des milliers de FAI que compte le pays avec les autorités – voire même d'une certaine forme de «résistance passive» vis-à-vis de l'État russe.

Cette défiance provient essentiellement d'un profond manque de confiance des opérateurs vis-à-vis des autorités. Selon la loi, chacun des opérateurs disposant de ses propres infrastructures et de son propre système autonome a l'obligation d'installer sur ses routeurs un appa-

1. https://www.kommersant.ru/doc/4443726.

reil TSPU, afin de filtrer ou de bloquer le trafic sur ordre des autorités. Pour installer ces appareils, les opérateurs doivent par exemple aménager à Roskomnadzor un accès à tous les routeurs qu'ils administrent, mais aussi et surtout lui communiquer la structure interne de leurs réseaux. Or, ainsi que le faisait remarquer fin mars 2021 un haut responsable de FAI sous couvert d'anonymat, « où est la garantie qu'un jeune collaborateur [de Roskomnadzor], avec son tout petit salaire, ne décide pas demain de revendre ces données [au marché noir][1] ? ». Dans un pays toujours confronté à de graves problèmes de corruption, la question est importante. De nombreux jeux de données récoltées sur demande des autorités sont en effet régulièrement revendus au marché noir[2], et celles concernant la structure interne du réseau d'un opérateur peuvent se revendre très cher, car elles peuvent faciliter certaines cyberattaques.

Le flou juridique qui entoure le déploiement des TSPU encourage d'ailleurs cette méfiance. Par exemple, si la loi précise bien que l'appareil est aux frais de l'État, elle est muette sur le fait de savoir qui doit en payer l'entretien, ainsi que les frais annexes engendrés par l'installation. Ainsi, la loi exige par exemple que le TSPU soit situé dans un local sécurisé, auquel même l'opérateur ne peut avoir accès. Pour un petit opérateur municipal, il s'agit d'un surcoût considérable et, compte tenu du manque de confiance envers les autorités, aucune illusion n'existe sur une possible prise en charge des frais par l'État. Plus largement, une véritable défiance s'est installée vis-à-vis des autorités, tandis que les opérateurs sont depuis longtemps rompus à la pratique d'une certaine « résistance passive »

1. https://www.comnews.ru/content/213851/2021-03-31/2021-w13/tspu-pravilam-i-bez.

2. On rappelle que c'est grâce à des manifestes de vol revendus au marché noir qu'Alexey Navalny a pu identifier ses empoisonneurs.

vis-à-vis des injonctions de surveillance numérique du pouvoir[1].

Déconnecter la Russie du reste de l'Internet : un objectif encore lointain ?

Est-ce à dire que l'objectif de déconnexion contrôlée voulu par la loi de 2019 reste encore inatteignable ? La question demeure bien évidemment en suspens. Depuis le début de l'invasion de l'Ukraine par la Russie, les manifestations de l'autoritarisme poutinien ont connu une intensification sans commune mesure, qui pourrait bien réduire à néant les tactiques d'évitement des opérateurs réticents. En parallèle, les boîtiers TSPU semblent au moins en partie opérationnels puisque c'est grâce à eux que certains réseaux sociaux occidentaux sont actuellement ralentis en Russie[2]. Dès lors s'opère une déconnexion progressive des ressources informationnelles non contrôlées par le pouvoir russe, qui s'avère bien plus pernicieuse qu'une rupture totale et brutale avec le reste du réseau.

Car même si la déconnexion s'avérait possible à l'heure actuelle, rien ne permet d'affirmer que le Runet pourrait continuer de fonctionner une fois la déconnexion effectuée. Trop de ressources se trouvent hébergées à l'étranger, sans parler des serveurs DNS qui, même s'ils se situent dans la zone.ru, peuvent renvoyer à des infrastructures localisées hors de Russie. Certes, le problème est connu et sérieusement pris en considération, comme le montre une récente circulaire interne du ministère des

---

1. K. Ermoshina, F. Musiani, « Migrating Servers, Elusive Users : Reconfigurations of the Russian Internet in the Post-Snowden Era », *Media and Communication* [en ligne], 5 (1), 2017, p. 42-53, https://doi.org/10.17645/mac.v5i1.816.
2. https://t.me/Runet90fz/493.

Télécommunications (qui a pu être considérée à tort comme le signe avant-coureur d'une déconnexion du pays[1]), qui demande aux administrateurs de sites publics russes de rapatrier sur le territoire fédéral la totalité de leurs ressources. Mais pour le reste des ressources Internet, l'État russe est encore impuissant à leur imposer de telles directives, et le Runet demeure encore beaucoup trop dépendant de ressources extérieures à la Fédération pour qu'une déconnexion du pays ait lieu sans faire disparaître la moitié du réseau russe.

Pour autant, certaines mesures prises par des acteurs occidentaux pourraient bien aider la Russie à parvenir à son objectif de contrôle total de ses frontières numériques. C'est notamment le cas lorsque certains opérateurs occidentaux de transit tels que Cogent décident de ne plus desservir la Russie. Il en résulte une diminution du nombre de routes internationales permettant de connecter le pays au reste du monde, augmentant par là sa capacité de contrôle sur les chemins restants. Sans compter que de telles mesures accroissent la dépendance de la Russie aux ressources chinoises.

Kevin Limonier est géographe, maître de conférences à l'Institut français de géopolitique (Université Paris 8) et directeur adjoint du centre GEODE (www.geode.science). Il est spécialiste du cyberespace russophone et plus largement de la cartographie géopolitique des réseaux numériques. Contact : klimonier02@univ-paris8.fr/Twitter @kevinlimonier.

1. https://mobile.twitter.com/nexta_tv/status/1500553480548892679.

8

UNE GUERRE MAJEURE TOUJOURS POSSIBLE ET MOINS IMPROBABLE

JEAN-BAPTISTE JEANGÈNE VILMER

Article publié le 27 janvier 2022 dans *Le Rubicon*[1], mis à jour le 23 mars 2022.

Le risque d'escalade de la guerre en Ukraine en une confrontation directe entre la Russie et l'OTAN repose à nouveaux frais la question de la guerre dite majeure. Non que la guerre actuelle soit «mineure» puisqu'il s'agit déjà d'une guerre de haute intensité entre deux États – ce qui était devenu très rare même si la guerre du Nagorno-Karabakh de 2020 en avait déjà donné un aperçu récent – et qu'il s'agit même du conflit le plus destructeur en Europe depuis la Seconde Guerre mondiale, mais au sens d'une confrontation entre grandes puissances, en l'occurrence entre puissances nucléaires.

«Nous ne sommes pas en guerre avec la Russie», répètent nos dirigeants. Et pour cause: l'enjeu est précisément de soutenir l'Ukraine, y compris en lui livrant des armes, et d'imposer un coût à la Russie, tout en restant sous le seuil de la cobelligérance, pour aider Poutine à perdre sans lui donner le prétexte d'une escalade[2]. En dépit de nos efforts, le risque de confrontation directe est

1. https://lerubicon.org/publication/une-guerre-majeure-toujours-possible-et-moins-improbable/.

2. Julian Fernandez et Jean-Baptiste Jeangène Vilmer, «Comment gagner la guerre sans la faire», *Le Monde*, 15 mars 2022.

élevé, notamment parce que le président russe pourrait avoir un intérêt à escalader non seulement verticalement en Ukraine (la barbarisation du conflit à laquelle nous assistons déjà) mais aussi horizontalement, c'est-à-dire en exportant le conflit pour mieux dissimuler ses échecs[1].

Avant même l'attaque russe du 24 février 2022, la pression militaire était telle que la question se posait déjà : la formule que Raymond Aron utilisait en 1948 pour décrire l'équilibre nucléaire de la guerre froide – « Paix impossible, guerre improbable[2] » – est-elle encore valable ? « Paix toujours impossible, guerre un peu moins improbable » pourrait-on lui répondre aujourd'hui. La question de l'obsolescence des guerres majeures a suscité depuis la parution de *Retreat from Doomsday : The Obsolescence of Major War* de John Mueller (1989)[3] un débat important en anglais[4], avec des ramifications en français[5]. Dans les années 1990 et 2000, la thèse majoritaire semblait être celle de « l'absence de risque de guerre majeure, au plan international, entre les grandes puissances[6] ». Cela a changé depuis. Dans un article de 1999 intitulé « Is Major War Obsolete[7] ? », Michael Mandelbaum défendait encore la thèse de l'obsolescence. Dans un article de 2019 intitulé « Is Major War Still Obso-

---

1. Jean-Baptiste Jeangène Vilmer, « Pour dissimuler sa défaite, Vladimir Poutine se doit d'escalader », *Le Journal du Dimanche*, entretien avec François Clemenceau, 19 mars 2022.

2. Raymond Aron, *Le grand schisme*, Paris, Gallimard, 1948.

3. John Mueller, *Retreat from Doomsday : The Obsolescence of Major War*, New York, Basic Books, 1989.

4. Raimo Vayrynen (ed.), *The Waning of Major War : Theories and Debates*, Londres, Routledge, 2005.

5. Frédéric Ramel et Jean-Vincent Holeindre (dir.), *La fin des guerres majeures ?*, Paris, Economica, 2010.

6. Dario Battistella, *Paix et guerres au XXIe siècle*, Auxerre, Sciences humaines, 2011.

7. Michael Mandelbaum, « Is major war obsolete ? », *Survival*, 40 (4), 1998, p. 20-38.

lete[1] ?», il estimait que la guerre majeure était «moins obsolète» qu'avant, c'est-à-dire qu'elle était «devenue moins improbable».

L'évolution de cette perception est due non seulement à des raisons structurelles, comme la montée en puissance de la Chine, mais aussi à des progrès technologiques, avec le développement d'armes déstabilisant la dissuasion traditionnelle, et à des événements révélateurs, comme l'annexion de la Crimée en 2014 et la guerre du Donbass depuis. La publication en octobre 2021 de la *Vision stratégique* du chef d'état-major des armées (CEMA) français a témoigné que l'objectif est désormais que nos forces soient «prêtes en permanence à faire face à un conflit majeur, agissant dans tous les milieux et champs de confrontation[2]». Quelques mois plus tard, la guerre en Ukraine et son risque d'escalade confirment l'urgence, pour nos armées, de changer de paradigme et de prendre beaucoup plus au sérieux qu'elles ne le faisaient avant le risque de guerre majeure.

Pourquoi il est difficile de répondre à la question

Le débat sur l'obsolescence des guerres majeures en est d'abord un sur la définition: de quoi parle-t-on exactement? La notion est doublement vague, d'abord parce que la guerre elle-même ne fait l'objet d'aucune définition consensuelle (la question de son seuil, en particulier, est problématique: à partir de quel degré de violence et/ou d'organisation, et de combien de victimes, peut-on parler d'une «guerre»?); ensuite parce que l'épithète «majeure»

---

1. Michael Mandelbaum, «Is major war still obsolete?», *Survival*, 61 (5), 2019, p. 65-71.

2. *Vision stratégique du chef d'état-major des armées*, ministère des Armées, octobre 2021, p. 2.

est avant tout une question de perception. Majeure pour qui ?

Du point de vue de l'État qui la mène, une guerre majeure est une opération dans laquelle il engage d'importants moyens. Le général Lecointre parlait de ce « moment où une nation ou une société va être obligée de concentrer l'essentiel de ses efforts humains, matériels, financiers, économiques, pour défendre son modèle de société, sa culture, son existence même[1] ». Pour cette raison, la guerre majeure est une condition nécessaire mais insuffisante de la guerre totale, qui ajoute un enjeu idéologique s'exprimant notamment par une « volonté d'anéantissement de l'ennemi » et « la contamination par la guerre de tout l'espace politique[2] ». Mais du point de vue des hommes et des femmes qui font la guerre ou qui en subissent les effets, la question n'a tout simplement pas de sens, car toutes les guerres sont majeures. Il n'y a pas de guerre « mineure », car l'emploi de la force armée, comme toute décision de tuer, n'est jamais anodin.

Cela étant dit, quand on parle de « guerre majeure », ce n'est pas en général par opposition à des guerres qui seraient « mineures » et qu'on serait bien en peine de nommer. C'est plutôt pour l'opposer à la guerre « irrégulière » ou « asymétrique » – ce qui signifie, en creux, que la guerre majeure est comprise comme régulière ou symétrique, c'est-à-dire fondée sur le choc frontal entre deux armées de puissance similaire. De ce point de vue, la guerre majeure serait un conflit de haute intensité[3]. Les deux notions ne doivent toutefois pas être confondues : d'une part, les guerres majeures ne sont pas nécessairement de haute intensité. Elles pourraient même ne pas être « chaudes » si,

1. *Les mutations de la guerre*, Actes de la 17e université d'été de la Défense, 11-13 septembre 2019, p. 81.

2. Jean-Vincent Holeindre, *La ruse et la force. Une autre histoire de la stratégie*, Paris, Perrin, 2017, p. 311.

3. Général Thierry Burkhard, « Durcir l'Armée de terre », *Les Cahiers de la Revue Défense Nationale*, 8, 2020, p. 5-10.

comme l'historien Georges-Henri Soutou, l'on estime que la guerre froide était une guerre majeure[1]. Ou elles peuvent ne pas être tout le temps de haute intensité, comme semble l'indiquer le CEMA dans sa *Vision stratégique* qui formule « l'hypothèse d'un engagement majeur, incluant des phases de haute intensité dans tout ou partie des milieux et des champs[2] ». D'autre part et inversement, toutes les guerres de haute intensité ne sont pas des guerres majeures, comme en témoigne le cas de la guerre du Nagorno-Karabakh de 2020[3].

Dans la littérature anglophone initiale, les « guerres majeures » désignent en général « des conflits armés se déroulant à grande échelle entre grandes puissances industrielles, et dans lesquels la technologie joue un rôle décisif[4] ». Mais cette définition, qui a été élaborée en référence aux deux guerres mondiales, est discutable : la technologie est-elle forcément un critère ? La guerre majeure n'implique-t-elle forcément que des grandes puissances ? Est-elle forcément interétatique ? Les exemples de guerres majeures cités dans la littérature scientifique sont généralement des conflits armés internationaux : cela signifie-t-il pour autant l'impossibilité pour une « guerre civile » d'être qualifiée de majeure ? L'un des symptômes de la crise de l'ordre westphalien[5] étant la multiplication des acteurs non étatiques, dont certains ont

---

1. Georges-Henri Soutou, « La guerre froide, une guerre majeure ? », dans Ramel et Holeindre (dir.), *La fin des guerres majeures ?*, *op. cit.*, p. 127-134.

2. *Vision stratégique du chef d'état-major des armées*, *op. cit.*, p. 20.

3. Sénat, *Haut-Karabagh : dix enseignements d'un conflit qui nous concerne*, rapport d'information de M. Olivier Cigolotti et Mme Marie-Arlette Carlotti, fait au nom de la Commission des affaires étrangères, de la défense et des forces armées, n° 754 (2020-2021), 7 juillet 2021.

4. Ramel et Holeindre (dir.), *La fin des guerres majeures ?*, *op. cit.*, p. IX.

5. Jean-Baptiste Jeangène Vilmer, « Les turbulences de l'ordre mondial. Une lecture critique du *World Order* de Henry Kissinger », *Revue française de science politique*, 65, 2015/1, p. 111-125.

une ambition transnationale, à quoi ressemblerait une guerre majeure post-westphalienne ?

En outre, si les guerres majeures sont des guerres entre grandes puissances, le résultat n'est pas le même selon que l'on parle de puissances politiques ou militaires. Politiquement, il faut distinguer entre des puissances qui sont grandes globalement (une guerre majeure impliquerait au moins deux membres permanents du Conseil de sécurité des Nations Unies par exemple) et d'autres qui le sont régionalement (de sorte que les guerres Iran-Irak, Israël-Égypte, Argentine-Royaume-Uni auraient pu être qualifiées de « majeures »). Militairement, les guerres majeures seraient celles « entre États dotés de moyens offensifs et défensifs appartenant au haut du spectre capacitaire (armées de terre plus robustes dotées de moyens de frappe à distance, aviation de combat de 4e ou de 5e génération, forces navales sous-marines et de haute mer, missiles à longue portée sol-sol, mer-sol et sol-air, armes hypersoniques, moyens spatiaux autonomes)[1] ». Si les guerres majeures sont des guerres intenses et/ou longues, alors elles n'impliquent pas nécessairement de grandes puissances et la deuxième guerre du Congo, appelée aussi « première guerre continentale africaine », opposant la République démocratique du Congo à ses voisins de 1998 à 2002, pourrait être considérée comme une guerre majeure. Et si les guerres majeures sont des guerres ayant un impact global, alors le conflit israélo-palestinien, ou la guerre d'Afghanistan et l'invasion de l'Irak dans le cadre de la guerre américaine mal nommée « contre le terrorisme[2] », seraient des guerres majeures.

Quoi qu'il en soit, et c'est la conclusion inévitable de

1. Olivier Zajec, « Penser la stratégie : pour en finir avec les guerres "mineures" », *Défense et sécurité internationale*, 151, janvier-février 2021.

2. Jean-Baptiste Jeangène Vilmer, « Dire qu'on est en "guerre contre le terrorisme", c'est un non-sens sur le plan de la sémantique », *Libération*, 1er décembre 2017.

toute tentative de définition, la notion de « guerre majeure » reste vague. Elle semble désigner un affrontement armé direct et à grande échelle entre deux grandes puissances, alors que ce qui qualifie exactement cette puissance, comme la durée et l'intensité du conflit, peut donner lieu à des interprétations diverses, voire divergentes.

Elle pose par ailleurs une difficulté psychologique. Pour nous qui vivons dans des continents pacifiés, il nous est particulièrement difficile d'admettre que des guerres majeures sont encore possibles parce que cela reviendrait à admettre la possibilité de notre destruction totale, donc à imaginer l'inimaginable, penser l'impensable. C'est ce qu'on appelle en psychologie l'*évitement défensif* : la tendance à refuser de percevoir et de comprendre un stimulus qui serait extrêmement menaçant. Elle fait partie des principales perceptions erronées de la menace en relations internationales[1]. Dans la réponse à cette tentation de l'évitement, certains États sont plus avancés que d'autres : la Suède[2], notamment, qui a une doctrine de « défense totale[3] », se prépare militairement et psychologiquement à l'éventualité d'une guerre majeure, et y prépare sa population.

Pourquoi les guerres majeures sont improbables

Les guerres majeures restent improbables pour une série de raisons. D'abord, des raisons liées à l'évolution

---

1. Janice Gross Stein, « Building Politics into Psychology : The Misperception of Threat », *Political Psychology*, 9 (2), 1988, p. 245-271.

2. Peter Apps, « Commentary : Why neutral, peaceful Sweden is preparing for war », Reuters, 30 mai 2018.

3. Niklas H. Rossbach *et al.* (eds.), *Strategic Outlook 8 : Sweden's total defence – challenges and opportunities*, FOI, septembre 2019.

des conflits armés[1]. C'est une banalité de le rappeler : la guerre interétatique est « en voie de quasi-disparition[2] ». Les conflits dits irréguliers ou asymétriques sont devenus la norme. La guerre du Nagorno-Karabakh de 2020 qui a vu s'affronter l'Azerbaïdjan et l'Arménie est l'exception qui confirme la règle, et pour cette raison l'on a d'ailleurs cherché à en tirer des enseignements[3]. La guerre en Ukraine est une autre exception, et leur proximité confirme que l'on assiste bien au « retour de la guerre » interétatique.

Cela ne veut pas dire que la violence ou même la guerre en général décline : cette thèse fameuse, popularisée notamment par Steven Pinker dans son ouvrage à succès *The Better Angels of Our Nature* (2011), est contestée de manière convaincante par plusieurs chercheurs, notamment Bear F. Braumoeller qui montre que la baisse apparente des violences est un artefact statistique (il faudrait qu'elle se prolonge pendant une centaine d'années pour pouvoir parler de tendance, et pas de fluctuation)[4]. Ce qui est exact est que ce type particulier de guerre que sont les conflits armés internationaux (c'est-à-dire les guerres interétatiques), *a fortiori* ceux d'entre eux qui peuvent être qualifiés de « majeurs », est aujourd'hui moins fréquent.

Pourquoi ? Pour des raisons réalistes, libérales et constructivistes[5]. Les réalistes l'expliquent par l'accroissement de la puissance destructrice des armements, qui a rendu prohibitif le coût des guerres majeures. C'est vrai en premier lieu des armes nucléaires : comme le rappelle

---

1. Charles-Philippe David, « La guerre pourrait-elle devenir chose du passé ? », *Revue internationale et stratégique*, 90, 2013/2, p. 40-56.

2. Charles-Philippe David et Olivier Schmitt, *La guerre et la paix. Approches et enjeux de la sécurité et de la stratégie*, Paris, Presses de Sciences Po, 2020, p. 193.

3. Michel Goya, « Les enseignements opérationnels de la guerre du Haut-Karabakh », *Le Grand Continent*, 2 décembre 2020.

4. Bear F. Braumoeller, *Only the Dead : The Persistence of War in the Modern Age*, Oxford, Oxford University Press, 2019.

5. Jean-Baptiste Jeangène Vilmer, *Théories des relations internationales*, Paris, Que sais-je ?, 2020.

Nicolas Roche, « L'objectif de la dissuasion est la prévention des guerres majeures[1] ». Les libéraux y voient plutôt le fruit du développement des institutions et des normes, en particulier la prohibition de l'usage de la force (*jus contra bellum*)[2] ; de la gouvernance mondiale ; de la démocratisation (c'est la théorie de la paix démocratique)[3] ; ou encore le développement du commerce international et de l'interdépendance[4]. En 1957, Karl Deutsch introduit même l'idée de « communauté de sécurité[5] » dont les membres partagent un sentiment d'appartenance, de sympathie et de confiance mutuelles qui semble exclure la possibilité de la guerre. Le constructivisme qui émerge dans les années 1990 prolongera cette approche en s'intéressant aux perceptions des intérêts et des identités. L'ensemble de ces explications – réalistes, libérales et constructivistes – sont complémentaires et non exclusives.

Cette moindre probabilité des guerres majeures est en soi une bonne chose – cette « débellicisation » est à la fois un symptôme et une cause du « progrès humain[6] » – mais elle pose un certain nombre de problèmes. D'abord, parce que nos armées qui s'adaptent aux menaces perdent la masse[7], le format et les équipements nécessaires à la conduite d'une guerre majeure. Un rapport parlementaire de février 2022, publié avant l'offensive russe en Ukraine,

---

1. Nicolas Roche, *Pourquoi la dissuasion*, Paris, PUF, 2017, p. 502.
2. Olivier Corten, *Le droit contre la guerre*, 3e édition, Paris, Pedone, 2020.
3. Dan Reiter, « Democratic Peace Theory », Oxford Bibliographies, 2 mai 2019.
4. Michael Mousseau, « The End of War : How a Robust Marketplace and Liberal Hegemony Are Leading to Perpetual World Peace », *International Security*, 44 (1), 2019, p. 160-196.
5. Dario Battistella, « L'apport de Karl Deutsch à la théorie des relations internationales », *Revue internationale de politique comparée*, 10, 2003/4, p. 567-585.
6. Mandelbaum, « Is major war obsolete ? », *op. cit.*
7. Élie Tenenbaum et Joseph Henrotin, « Le retour à la haute intensité, un problème de masse (1) », Le Collimateur, podcast de l'IRSEM, 28 septembre 2021.

soulignait déjà qu'un engagement majeur de l'armée française « impliquerait d'abandonner toutes les autres opérations et ne pourrait être déployé qu'avec six mois de préavis et pour une durée de six mois[1] ». La guerre déclenchée quelques jours plus tard a été un réveil brutal : en trois semaines de combats, la Russie y a perdu davantage de chars que la France n'en a en tout. En termes de masse, c'est-à-dire de volume de troupes et d'équipements, les pays européens sont clairement sous-dimensionnés. Et pour cause : pendant longtemps, il a pu être difficile de convaincre la population et les politiques de financer un effort de défense pour se préparer à une forme de conflit qui pouvait leur sembler très improbable. De ce point de vue, la guerre en Ukraine a été une véritable prise de conscience, dont témoigne notamment la décision allemande de consacrer 100 milliards d'euros à la modernisation des forces armées et d'augmenter le budget de la défense à plus de 2 % du PIB[2].

Un autre problème est que la moindre probabilité des guerres majeures a pu donner l'impression – fautive, comme l'Ukraine en témoigne – que c'est la guerre tout court qui disparaissait, recomposée dans des états de violence[3]. « La guerre est un mécanisme de cantonnement de la violence (seul un petit groupe se bat au nom de tous dans un espace limité) et l'hostilité sociale ayant besoin de vecteurs d'expression, moins la violence est cantonnée dans la guerre, plus elle s'écoule en dehors[4] ». Le risque de cette « dilution de la guerre » est alors son remplacement

---

1. Thomas Gassilloud, *Dans un monde incertain, renforcer notre résilience nationale pour une France libre, unie et prospère*, rapport d'information, Assemblée nationale, février 2022, p. 118.

2. Déclaration gouvernementale du Chancelier fédéral de la République fédérale d'Allemagne Olaf Scholz, membre du Bundestag allemand, « Résolument engagés pour la paix et la sécurité », le 27 février 2022.

3. Frédéric Gros, *États de violence. Essai sur la fin de la guerre*, Paris, Gallimard, 2006.

4. Jean-Baptiste Jeangène Vilmer, « « La violence clandestine et dispersée » : penser la dilution de la guerre », *Cités*, 88, 2021/4, p. 139-145.

par une conflictualité permanente, un état généralisé de « guerre avant la guerre[1] » qui ne présente aucune garantie de rester sous le seuil puisqu'il s'agit du premier stade du continuum, donc d'une pente glissante, entre compétition, contestation et affrontement.

Pourquoi les guerres majeures sont toujours possibles et moins improbables

Les relations internationales sont devenues particulièrement volatiles. L'été 2014, que le ministre français des Affaires étrangères de l'époque avait appelé « l'été de toutes les crises[2] » parce qu'il concentrait la plupart des symptômes du désordre mondial (Ukraine, Syrie, Irak, Sahel, Libye, Israël/Palestine, mer de Chine, Ebola), avait joué un rôle de révélateur de l'état de nature hobbesien dans lequel les relations internationales semblent revenues. Depuis, la tension n'est pas retombée : les crises s'enchaînent et certaines s'aggravent. Le fait qu'aucune d'entre elles n'ait pour l'instant escaladé jusqu'au seuil d'une guerre majeure ne signifie pas que ce serait impossible. Certaines crises en ont le potentiel, pour les raisons suivantes.

Ces turbulences sont principalement liées à l'état de transition de l'ordre mondial, qui est sorti du « moment unipolaire » des années 1990[3], dominé par les États-Unis, pour entrer non pas dans un monde « multipolaire » (qui relève davantage de la pensée désidérative que de la réalité), mais dans une phase de transition qui est une bipolarisation[4].

1. Élise Vincent, « "Gagner la guerre avant la guerre", nouvelle stratégie de l'armée française », *Le Monde*, 5 octobre 2021.

2. Déclaration de M. Laurent Fabius, ministre des Affaires étrangères et du Développement international, sur les défis et priorités de la politique étrangère de la France, à Paris le 29 août 2014.

3. Charles Krauthammer, « The Unipolar Moment », *Foreign Affairs*, 70 (1), 1990-1991, p. 23-33.

4. Jean-Baptiste Jeangène Vilmer, « Vers une bipolarité États-Unis/Chine ? », *Revue Défense Nationale*, 781, 2015, p. 58-63.

L'affaiblissement de l'hégémon américain et le rattrapage chinois rendent la situation instable, augmentant mécaniquement le risque de confrontation armée entre les deux – c'est le «piège de Thucydide» décrit par Graham Allison[1]. Ce n'est pas le seul facteur: la diffusion de la puissance est également due à l'émergence d'autres acteurs étatiques et non étatiques ainsi qu'à la démocratisation des technologies destructives et de l'information, qui fait que les individus et les groupes peuvent plus facilement qu'avant projeter leur puissance, comme l'illustre ce qu'on a appelé «l'hyperterrorisme[2]» ou le «terrorisme militarisé[3]».

La question est de savoir dans quelle mesure la multiplication des crises et le durcissement des relations internationales sont susceptibles de générer ou permettre une guerre majeure. «La guerre arrive parce que rien ne l'empêche», écrivait Kenneth Waltz[4]. C'est l'un des axiomes du réalisme: le système international est anarchique au sens où il n'y a pas d'autorité supra-étatique détenant le monopole de la violence légitime et donc susceptible d'empêcher les conflits. De ce point de vue, rien n'empêche la guerre – sauf la force, c'est-à-dire la dissuasion nucléaire. En principe, rappelle Alice Guitton, «l'un des remparts contre toute guerre majeure, c'est bien sûr notre dissuasion nucléaire et sa crédibilité[5]».

Le problème est que ce rempart est effrité par plusieurs phénomènes. En Europe, les Russes déconstruisent l'architecture de sécurité et de maîtrise des armements, avec le retrait du traité sur les forces armées conventionnelles

---

1. Graham Allison, *Vers la guerre. L'Amérique et la Chine dans le Piège de Thucydide?*, Paris, Odile Jacob, 2019.

2. François Heisbourg, *Hyperterrorisme: la nouvelle guerre*, Paris, Odile Jacob, 2001.

3. Déclaration de M. Jean-Yves Le Drian, ministre de la Défense, sur les défis et priorités de la politique de défense, à l'Assemblée nationale le 11 octobre 2016.

4. Kenneth Waltz, *Man, The State and War*, New York, Columbia University Press, 2001, p. 188.

5. *Les mutations de la guerre*, *op. cit.*, p. 84.

(FCE) et du traité Ciel ouvert, et la violation des traités New START (*Strategic Arms Reduction Treaty*) et sur les forces nucléaires à portée intermédiaire (FNI). À cela s'ajoutent des crises de prolifération locales : la Corée du Nord en premier lieu, mais également l'Iran dont le programme nucléaire continue de se développer[1] (sans que l'AIEA puisse faire d'inspections depuis février 2021), comme son programme balistique[2]. La Chine s'est aussi lancée dans la diversification et l'augmentation de ses têtes nucléaires – dont le nombre pourrait doubler dans la prochaine décennie[3]. Certaines évolutions doctrinales sont également préoccupantes, lorsque des doctrines de dissuasion deviennent des doctrines d'emploi : plusieurs États, notamment la Russie, la Chine et la Corée du Nord, ont des pratiques qui relèvent clairement de l'intimidation nucléaire. Dans ce contexte, on observe l'affaiblissement de la dissuasion nucléaire comme modérateur d'initiatives belliqueuses. Une guerre majeure avec un usage limité d'armes nucléaires[4] est déjà envisagée dans les doctrines russe, chinoise, pakistanaise, indienne, mais aussi américaine[5].

Trois régions en particulier présentent le plus grand risque de guerre majeure : en Asie, en particulier dans la péninsule coréenne et le détroit de Taïwan ; au Moyen-Orient, notamment dans l'hypothèse d'une attaque préventive israélienne sur l'Iran ; mais aussi bien entendu en

---

1. Kelsey Davenport et Julia Masterson, « Iran's Failure to Cooperate with the IAEA is Raising Tensions », Arms Control Association, 19 novembre 2021.

2. Farzin Nadimi, « Iran's ballistic missile arsenal is still growing in size, reach, and accuracy », The Washington Institute for Near East Policy, 13 décembre 2021.

3. Office of the Secretary of Defense, *Military and Security Developments Involving the People's Republic of China 2020*, Annual Report to Congress.

4. Jeffrey A. Larsen et Kerry M. Kartchner (ed.), *On Limited Nuclear War in the 21st Century*, Stanford, Stanford University Press, 2014.

5. Corentin Brustlein, *La guerre nucléaire limitée : un renouveau stratégique américain*, Focus stratégique 77, IFRI, novembre 2017.

Europe, en cas d'escalade du conflit ukrainien, qui au moment d'écrire ces lignes constitue le risque le plus élevé. Comme l'écrivait Hew Strachan avant même l'annexion de la Crimée, « sur le Vieux Continent, l'insouciance des Européens de l'Ouest quant au danger d'une guerre majeure, d'une guerre entre États, ne doit pas être projetée telle quelle sur leurs alliés d'Europe centrale » qui eux ont toujours eu conscience que « leur proximité avec la Russie impliquait la persistance de vrais dangers[1] ». La suite lui a donné raison.

En dépit d'une impression d'accroissement du risque ces dernières années, cette sélection des « points chauds » de l'année 2022[2] est en réalité à peu près la même depuis la fin de la guerre froide, car elle est le produit de raisons structurelles. Dès les années 1990, l'Ukraine était déjà identifiée comme étant exposée à un risque de conflit majeur avec la Russie, ce qui faisait d'ailleurs dire à John Mearsheimer en 1993 que Kiev ne devrait pas renoncer aux armes nucléaires dont elle disposait à l'époque, la dissuasion étant sa seule chance face à Moscou[3]. On connaît la suite de l'histoire : Kiev signe le mémorandum de Budapest par lequel il accepte de se désarmer contre des promesses (de non-recours à la force et de respect de son intégrité territoriale) qui ne seront pas tenues. En 1999 également, Michael Mandelbaum estimait que « le détroit de Taïwan, la frontière russo-ukrainienne et peut-être aussi la péninsule de Crimée [...] sont les endroits les plus dangereux de la planète[4] ». C'est toujours le cas.

* * *

1. Hew Strachan, « Les armées européennes ne peuvent-elles mener que des guerres limitées ? », *Politique étrangère*, 2011/2, p. 305-317.
2. Alain Frachon, « En Ukraine, en Iran et au large de Taïwan, la possibilité d'une guerre en 2022 », *Le Monde*, 6 janvier 2022.
3. John J. Mearsheimer, « The Case for a Ukrainian Nuclear Deterrent », *Foreign Affairs*, 72 (3), 1993, p. 67-80.
4. Michael Mandelbaum, « Is major war obsolete ? », *op. cit.*

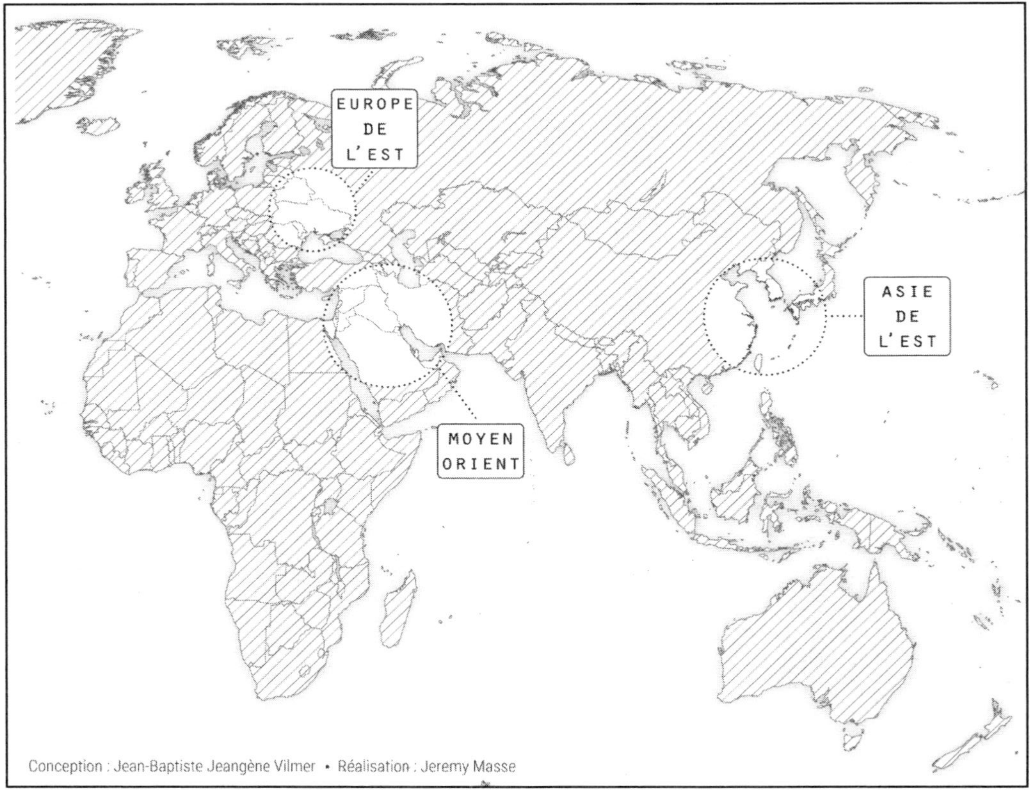
EUROPE DE L'EST
MOYEN ORIENT
ASIE DE L'EST
Conception : Jean-Baptiste Jeangène Vilmer • Réalisation : Jeremy Masse

En conclusion, ce n'est certainement pas la fin des guerres majeures – une expression à prendre avec des pincettes puisqu'elle n'a pas de signification précise. Leur probabilité reste faible, mais le désordre mondial actuel les rend un peu moins improbables. Pour les anticiper et tenter de les prévenir, il faut non seulement savoir où et comment elles sont le plus susceptibles d'apparaître, mais aussi quelles formes elles pourraient prendre. Les guerres majeures futures ne ressembleront pas à la Seconde Guerre mondiale et la difficulté est précisément de s'extraire de cette imagerie qui fausse nos perceptions. En raison de la nature même des armements, mais aussi de l'« ivresse de la vitesse[1] » qui caractérise l'évolution de la conflictualité et dont témoigne notamment le développement des armes hypersoniques[2], il y aurait des raisons de croire que les guerres majeures futures seront relativement brèves et brutales, à l'opposé des conflits de plus basse intensité qui s'étirent au risque de devenir des « guerres sans fin[3] ». Mais cela reviendrait sans doute à confondre la guerre avec l'une des opérations qui la composent, et qui par sa brutalité lui ferait dépasser temporairement un certain seuil. En réalité, un tel affrontement n'arriverait pas par hasard : il ne serait que le passage à l'acte d'une guerre qui était déjà majeure en puissance, tout en restant sous le seuil et en cultivant l'ambiguïté. Avant d'atteindre un point culminant qui la révèle comme telle, la guerre majeure commence plus discrètement, par des actions de « guerre hybride[4] », voire de « guerre

1. Olivier Schmitt, « Chronos et Athéna. Le facteur temporel dans les questions stratégiques », *Le Rubicon*, 22 décembre 2021.

2. Kelley M. Sayler, *Hypersonic Weapons : Background and Issues for Congress*, Congressional Research Service, mis à jour au 17 mars 2022.

3. Monica Duffy Toft, « Ending the Endless Wars : A Strategy for Selective Disengagement », *War on the Rocks*, 13 mai 2021.

4. Marc Semo, « La guerre hybride, la guerre avant la guerre », *Le Monde*, 12 janvier 2022.

cognitive[1] » qui, elles, s'inscrivent dans le temps long. De ce point de vue, la prochaine guerre majeure a déjà commencé.

Jean-Baptiste Jeangène Vilmer est directeur de l'Institut de recherche stratégique de l'École militaire (IRSEM) et membre du comité de direction du *Rubicon*. Ses recherches portent sur les relations internationales et les nouvelles formes de conflictualité. Il a notamment publié sur les théories des relations internationales, la sécurité collective, l'interventionnisme militaire, la guerre à distance (éliminations ciblées, drones armés, systèmes d'armes létaux autonomes), ou encore la « guerre hybride ». Contact : jean-baptiste.jeangene-vilmer@irsem.fr/Twitter @jeangene_vilmer.

1. David Pappalardo, « La guerre cognitive : agir sur le cerveau de l'adversaire », *Le Rubicon*, 9 décembre 2021.

Reproduit et achevé d'imprimer
par Normandie Roto Impression s.a.s.
en avril 2022.
Numéro d'imprimeur : 2202077

Imprimé en France.